NIKOLA TESLA'S BIOGRAPHY

特斯拉 传

[美]尼古拉·特斯拉——著　　　夏宜　倪玲玲——编译

地震出版社
Seismological Press

图书在版编目（CIP）数据

特斯拉传 /（美）尼古拉·特斯拉著；夏宜，倪玲玲编译.
-- 北京：地震出版社，2024.2
ISBN 978-7-5028-5635-9

Ⅰ.①特… Ⅱ.①尼… ②夏… ③倪… Ⅲ.①特斯拉
(Tesla, Nikola 1856-1943)—传记 Ⅳ.①K837.126.1

中国国家版本馆 CIP 数据核字(2024)第 018023 号

地震版 XM5701/K（6468）

特斯拉传
（美）尼古拉·特斯拉◎著
编　译：夏　宜　倪玲玲
责任编辑：张　平
责任校对：凌　樱

出版发行：地 震 出 版 社

　　　　　北京市海淀区民族大学南路 9 号　　邮编：100081
　　　　　发行部：68423031　68467993　　　传真：68467991
　　　　　总编办：68462709　68423029
　　　　　编辑室：68426052
　　　　　http://www.seismologicalpress.com
　　　　　E-mail:dz_press@163.com

经销：全国各地新华书店
印刷：天津市新科印刷有限公司

版（印）次：2024 年 2 月第一版　2024 年 2 月第一次印刷
开本：880×1230　1/32
字数：145 千字
印张：7
书号：ISBN 978-7-5028-5635-9
定价：45.00 元
版权所有　翻印必究
（图书出现印装问题，本社负责调换）

Preface

出版前言

2003年，美国硅谷，斯坦福大学的硕士辍学生伊隆·马斯克与其搭档决定成立一家汽车公司，只生产纯电动车而非混合动力车。在为这家公司命名时，他们不约而同地想到了一个人——尼古拉·特斯拉。于是，世界上最酷的电动车公司之一——特斯拉汽车公司诞生了。

1943年1月7日，纽约人旅馆，一个87岁的老人孤独地死于心脏衰竭。生前，他取得了1000多项发明创造，并将之无偿地贡献给整个人类，使人类真正得以进入电气时代，几乎可以说，是他只身带领人类走入了新的技术时代。死后，他的名字被迅速封存，人们享受着他的发明带来的便利，却吝于提及他的名字。

直到特斯拉电动车横空出世，尼古拉·特斯拉才重新被人们发现。人们一边翻阅资料，一边发出难以置信的惊呼，一边啧啧议论着这些与特斯拉密切相关的事件：通古斯大爆炸，FBI 对其手稿与实验作品的秘密研究，与爱迪生的百年纷争，拒绝领取诺贝尔物理学奖，终身未娶，超强的意志力和记忆力，多达 1000 多项的发明创造，死亡射线，地球共振……

在被遗忘了将近四分之三个世纪之后，特斯拉又被推上了神坛，成为科学史上"神"一般的存在。

无论是被遗忘，还是被神化，都与特斯拉本人无关。他若地下有知，冷眼看这人世间的潮起潮落，也只会孤独地继续缄默。在看到他的预言成为现实的时候——无线电话，视频，太阳能发电，等等——他才会嘴角一撇，微微而笑，并等着其他的预言即将成为现实——空中交通，无线电力传输，星际通讯……

特斯拉的发明创造，塑造了我们现在的生活；特斯拉的预言，或许就是我们的未来。了解特斯拉，进入他的思想，就成了我们理解现在、瞻望未来的最好窗口。有感于此，我们出版了这本《特斯拉传》，除收录特斯拉撰写的回忆录之外，还精心遴选了特斯拉的文章、演讲及同时代人对他的记录，以期有助于读者走近特斯拉，并更好地理解我们的世界。

Contents
目录

Part A 特斯拉回忆录

第一章　家庭和精神幻象 // 003

第二章　自我控制与早期发明 // 021

第三章　全情投入于发明 // 038

第四章　交流电的诞生 // 054

第五章　特斯拉的"世界系统" // 067

第六章　"宇宙"与未来 // 082

Part B 文章、演讲及其他

我的童年故事 // 109

我的发明之路 // 117

电气时代的进步 // 127

电气时代的未来 // 141

无线电艺术的未来 // 149

与行星对话 // 153

宇宙的力量如何塑造我们的命运 // 162

人类将得益于科学进步 // 173

Part C 他人眼中的特斯拉

人类的未来与蜜蜂 // 181

闪电球与死亡射线 // 190

神奇的尼古拉·特斯拉 // 197

特斯拉,伟大的发明家 // 208

Part A

特斯拉回忆录

NIKOLA TESLA'S
BIOGRAPHY

Part A
特斯拉回忆录

第一章
家庭和精神幻象

人类智慧最重要的产物便是发明创造，就是它，在很大程度上推进了人类的进步。发明创造最根本的目的在于利用自然力满足人类的需求，用智慧掌控物质世界。很多时候，有些发明家在进行发明创造时不仅得不到物质回报，还要遭受外界的嘲弄，于是这项任务便更为艰巨。可是，在运用智慧进行发明创造的过程之中，他们可以获得极大的满足，他们拥有的知识使他们变成某种特权阶层——人类在残酷的自然环境中能够生存，就是由于有了他们的存在。这种快乐和价值，就是他们得到的丰厚的精神报酬。

多年以来，这种至高的快乐始终围绕着我，一直以来我都沉浸于发明创造带给我的满足之中。有人用"最勤奋"来称赞我，也许我配得上这个称号——前提是思考也是劳动，因为除了睡眠，我的脑袋就没有停止过思考。然而，如果狭隘地理解劳动，将之局限为特定时间内的特定活动，那么我就只敢承认自己是"最懒惰"的人了。

一般而言，如果一项工作是被迫进行的，往往就会损耗工作者的"生命能量"。然而，对我来说却并非如此，恰恰相反，思考只会让我的智慧更加丰富。

年轻时期所受的影响、所处的环境和经历过的事情，对我自己职业生涯的确立起着至关重要的作用。虽然从内心来讲，我不太乐意，但为了使我的人生经历在这本自传中显得更为连贯、可信，我还是要如实讲述一下自己年轻时的经历。

一般而言，年幼时，我们率性冲动，天马行空，不受拘束。而随着年龄的增长，我们会变得理性，行事周密。然而，最伟大，甚至最有可能决定我们命运的，却是那些没有马上产生效果但却影响深远的早期冲动。实际上，如果我在幼年时期就能充分理解并培养而非压抑那时的冲动，我可能会对世界做出更大的贡献。但可惜，当我真正发现自己是一个发明家的时候，已经是在成年

Part A
特斯拉回忆录

之后了。

我之所以后知后觉，是有很多方面原因的。首先，我有一个天才的哥哥，他那平凡的身躯如何能拥有如此不平凡的天赋，是生物学上的一个难解之谜。也许天妒英才，他过早的去世让我的父母此后难展欢颜。好友曾送给我们家一份礼物——一匹血统高贵的阿拉伯纯种马。这是一匹通人性的好马，曾在非常危险的情况下救过我的父亲，所以，我们全家人都对它宠爱有加。

那是一个寒冷的冬夜，有人非常着急地找我父亲去做法事，在经过常有狼群出没的山林时，马匹受惊之后狂奔离去，我父亲则被重重地摔到地上，昏迷过去。那匹马伤痕累累地跑回家中时，已经是精疲力竭。然而，它向我们发出遇到事故的警报之后，就立即冲回了事发地点。那时，不知自己在雪地里躺了几个小时的父亲已经恢复了意识，那匹马就把他驮了回来。在回家的路上，他们遇见了刚刚出发进行搜救的人群。然而，也就是这匹马弄伤了我哥哥，并使他因此过早地离世。事故发生时，我也在现场。时隔多年，我依旧忘不了当时的情景……在我的印象里，哥哥实在是太优秀了，无论我付出多大的努力，在他面前都似萤火之与皓月。

无论我做任何事情，做得多好，都不能缓解父母的痛苦，相反，他们会愈发思念哥哥。因此，在幼年时，我非常没有自信。

然而，我绝对不是一个笨小孩，有一件事情我至今仍印象深刻。有一天，我们一群小孩正在大街上游戏，走过来一群受人尊敬的市政官。这群绅士中一位年龄最长的有钱人来到我们面前，他送给每个孩子一枚银币。来到我面前时，他突然跟我说："看着我的眼睛。"我照他说的做了，并把手伸过去，准备领取那枚珍贵的硬币。让我失望的是，他说："没有你的份了，我不会给你任何东西的，因为你太聪明了。"

我小时候的一件趣事总是成为人们津津乐道的谈资。我有两位姑姑，她们的脸上都是皱纹，其中一位有两颗龅牙，很像突出的象牙。每当她亲吻我的时候，龅牙就会狠狠地刺痛我的脸。我小时候最害怕的人，就是这两位满脸慈爱的"丑"亲戚了。一日，母亲抱着我玩耍时，两位姑姑问我她们两个谁更好看。经过我的仔细辨别、深思熟虑之后，指着其中一个说："这个没有那个丑。"

我的父亲是一名牧师，所以，从我出生时起，家人就想让我将来也做一名牧师，以便继承父业。他们的这个想法让我一直很困扰，因为我从小就只想做一名工程师，而父亲却非常固执，执意让我当牧师。我爷爷辈的人从小接受的是军事教育，我爷爷是拿破仑时期的一个军官，他还有个兄弟是一名数学教授，执教于一所著名学府。但是，令人费解的是，父亲却成了一位牧师，而且还拥有很高的声望。

Part A
特斯拉回忆录

我父亲身兼自然哲学家、诗人、作家之能,可谓博学多才。据称,他还有着跟亚伯拉罕·阿·桑克塔·克拉拉同样好的口才。他的记忆力非常惊人,经常用不同的语言将经典著作大段地背诵下来。他曾经开玩笑说,假如一些经典绝版了,他完全能够仅凭记忆将之全部默写出来。受到大家赞誉的还有父亲的写作风格,他文风简洁明快,却又深刻犀利。他幽默风趣的言谈也总能让人感觉耳目一新,我给大家讲两个小故事。

我们家有一个眼睛斜视的仆人,他叫梅恩,父亲雇他在农场工作。有一天,父亲来到农场,梅恩正在劈柴,看着他挥动斧头的时候,站在旁边的父亲非常担心,于是出言警告道:"梅恩,上帝保佑,请不要砍你眼睛里所见的东西,而要砍你心中想要劈中的东西。"

还有一次,父亲和几个朋友开车出去兜风,其中一人不慎将自己华贵的皮大衣蹭到了车胎上。我父亲善意地提醒他道:"朋友,小心你的大衣,我的车胎会被它弄坏的。"

特斯拉的父亲米尔丁·特斯拉

我父亲有个怪毛病，就是喜欢自言自语。独处的时候，他常常一个人变着调，分演多人的角色，进行激烈的辩论。假如正好旁边有人经过，肯定会以为有好几个人正在房间里纵情辩论。

归根结底，虽然我发明创造的能力更多来自母亲的遗传和影响，但也离不开父亲对我的各种培养和训练。这些训练多种多样，比如猜测别人的心思、找出别人仪容或言语上的毛病、复述冗长的句子和进行心算等。父亲对我进行的这些训练，是为了锻炼我的记忆力、增强我的推理能力，特别是提高我的分析判断能力。毋庸置疑，我以后取得的成就，很大程度上得益于这些训练。

我的母亲出生于传统的农村家庭，她的家族里有好几位发明家。比如她的父亲和祖父，为了家人的家庭生活、农业生产等，曾发明了很多生产和生活工具。我认为，母亲绝对配得上"伟大女性"这一称呼，她拥有非凡的能力，性格上坚强勇敢、刚直不屈，她的一生经历了很多艰辛与苦难，而她一直勇于面对生活中的各种风雨和挫折。

在她16岁那年，她的家乡发生了一场恐怖的瘟疫，疫情席卷了整个地区。有一天，一户人家把外祖父叫去给将死的病人授临终圣餐礼，这时候，邻居家也有人染上重病、奄奄一息，勇敢的母亲一个人来到邻居家帮忙。很快，邻居一家五口相继病亡。她帮逝者沐浴更衣之后，还安放好他们的遗体，并依照当地习俗摆

Part A
特斯拉回忆录

好鲜花进行装饰。一切就绪之后，外祖父回到村庄，他惊讶地发现我母亲已经完成了一场基督徒葬礼应有的所有准备。

我的母亲是高超的发明家，我深信，如果她不是待在家中、与现代生活隔离，如果能有更多机会接触外界，她一定能发明出很多伟大的东西来。在家中，她非常擅长发明和制作各种家庭手工工具和设备。她亲自播种、培育农作物，并从中提取有用的纤维，然后用自己纺出的棉线编织精美的图案。每天，自晨至夜，母亲一直忙碌不停，她用双手制作出了我们家里大部分的生活用品，包括我们穿的衣服和房中摆设的家具。在60岁以后，她的手指依然灵巧自如，甚至能够在一根眼睫毛上打三个结。

我一直未能觉察出自己在发明方面的天分，还有一个极为重要的原因就是，在少年时期，我有过一段奇怪而痛苦的经历。有段时间，我的眼前会浮现出一些画面和景象，有时还伴随强烈的闪光，这时，我的视线变得模糊，思想和行为也受到极大的干扰。那些在我眼前经常出现的景象，并不是我自己主观幻想出来的，而是我曾经真的见到过的东西。当我听别人说到某个词时，我的眼前就会清清楚楚地浮现那个词所指代的景象，以致我有时都无法判断出现在自己眼前的事物是真实的还是仅为幻象。

这种感觉让我万分难受和焦急。为此，我专门请教过许多生理学专业和心理学专业的研究人员，却没有一个人能帮我解释这种现象。我觉得只有我自己有这种怪异的现象，但我又知道这个想法是不对的，因为我很清楚地知道，这种情况也曾发生在我哥哥身上。

经过分析，我得出了这样的结论：这些景象的出现，是在极为兴奋的状态下，大脑对视网膜产生的反射作用。鉴于我的其他方面都很正常，情绪也很平和，由此可知，这种现象绝对不是一种疾病或由精神痛苦而产生的幻觉。比如说，当我参加葬礼或看到其他刺激性场景时，这种痛苦就会碾压过来。等到夜深人静之时，我看到的那些景象便会重新浮现在我眼前，栩栩如生，我无论怎么做都驱散不了它们。

假如我的推论没有错，那么，将人们想象到的任何景象通过图像投射到屏幕上并让所有人看到，就是完全有可能实现的。一旦这种可能成为现实，它将给人与人之间的关系带来根本性的变化。我深信，有朝一日，这样一种奇迹必定会实现。顺便提一下，我为了解决这一问题已经进行了深入的思考。

这种经常出现的景象让我非常痛苦，为了摆脱这种痛苦，我试着转移自己的注意力，去想我看到过的其他东西。这种方法能够暂时缓解我的痛苦，但前提是我必须不停地在脑中想象新的场景。就这样过了没多长时间，我的"影像资料库"就开始告急，因为当时我的生活圈子实在太小了，我的目光所及之处只有我的

Part A
特斯拉回忆录

家以及家附近的地方。这样,我在痛苦时可以调用的记忆图像越来越少。这是因为当我的注意力转移到一个新场景时,我的痛苦能得到缓解,但是当相同的景象第二次或第三次在我脑海中出现时,这种转移注意力的缓解效果就会逐渐减弱,直到彻底失效。因此,出于本能,我开始走出去,走出我曾经了解的小世界,去寻找新的景象。最开始,这些新景象非常模糊,很难辨认,每当我把注意力集中到这些新景象上时,它们总会突然消失。然而,逐渐地,它们也会变得更清晰,最终我脑海中的图像恍如实物。

很快地,我发现,我能从这种天马行空的想象中得到极大的乐趣和满足,这种想象能有效地缓解我的精神痛苦。于是,我开始享受这种思想的漫游。每当独处的时候,往往是在晚上,有时也在白天,我就开始了我的旅程,我游览新的地方,来到新的国家和地区,居住在不同的城市,了解当地的生活,结交新的朋友。实际上,可能你并不相信,但我知道,他们非常友好,与他们相处就跟与现实生活中的人打交道一样,他们的音容笑貌是如此亲切,与真人别无二致。

17岁以前,我一直都是这样生活的;17岁以后,我就把所有精力都投入到了发明创造之中。那时候,我异常高兴,因为我发现,我这种极高明的想象能力有了用武之地——完全不需要模型,不需要绘图，也不需要实验，单凭想象就可以在脑海中将所有细节看得一清二楚，和真的一模一样。所以，我认为，与以前纯粹的试验理论相比，我发现了一种全新的发明理念和思路，我甚至觉得，我的理念和方法更方便、更有效。当人们想将头脑中的构想付诸实践而制造某种设备时，就会发现自己的注意力总是很难集中在设备的细节上。随着对设备的不断改良和重新设计制造，设计者的注意力就会愈加分散，甚至会将设计的基本原理都忽略掉。这样的设计或许也能收到一定成效，然而，产品质量却会大打折扣。

与之相比，我的设计方法可谓截然不同。我不会盲目地进入实践操作。当我产生一种想法时，我就立刻在脑中构图。我会在头脑中修改其结构，改良设计，并操作起这套装置来。是在头脑中开动涡轮机还是在车间里对它进行实验，这对我来说无关紧要，反正都是想象中的行为。就连涡轮机失去平衡的细节，也会在我的想象中出现。不管怎样，我想象中发生的情况和实际中发生的情况是一样的，其最后结果都一模一样。通过这种设计方法，我能快速地将想法付诸实践并加以完善，而不必接触任何实际事物。直到我再也找不出缺点，将所能想到的一切合理改进都完成时，我才会把形成于脑海中的作品在现实中制作出来。

20年来，我设计出的所有设备，实际运行情况与我想象中的

Part A
特斯拉回忆录

都毫无差别，试验结果也与我的设计计划正好符合，无一例外。怎么可能会有其他情况出现呢？工程、电气和机械，所有试验结果都符合我的设计计划。我认为，从具有可行性的理论一直到实际数据，所有的东西都是可以在脑海中先行测试的。如果人们将每一个原始的想法都付诸实践，这个过程实际上就完全是在浪费宝贵的精力、金钱和时间。

早期的精神痛苦还给了我另一种收获，就是我的观察能力在持续不断的脑力活动中得到了很好的培养，这使我发现了一个极为重要的事实。我发现，我脑海中出现的景象都是对以前发生过的实际情况的反映，这些情况当时显得异常或者发生在特殊的条件下，每次，我都会强迫自己去寻找产生这些景象的原因。久而久之，这就变成了一种无意识行为，而这种行为也帮助我能很快地找出事物的因果关系。

我很快就惊讶地意识到，我的每一个想法都是外界事物影响的结果。不仅我的想法是这样，我的所有行为也同样源于外界事物。时间越长，我越清楚地认识到，我自己不过是一台被赋予了运动、情感和思想的自动装置，感官刺激是我的力量之源。多年后，我提出的"遥控自动学"这一概念正是这个思路的延伸。虽然说，截至目前，这项技术还有待补充完善。但是不管怎样，它的巨大发展潜力终有一天会为人们认识。很久以来，我一直在试

特斯拉传
NIKOLA TESLA'S BIOGRAPHY

图发明"自动控制机"——具有一定智能的机械装置，我深信，这种装置必然可以制造出来，并将给工商业和制造业等各个领域带来革命性的影响。

12岁那年，我经过苦心孤诣的努力，第一次成功地消除了脑海中的幻象。然而，对于前面提到的每当我面临危险或不幸的境地，或者当我高度兴奋的时候，眼前经常会出现的莫名其妙的闪光，这是我无法控制的。或许，这是我这辈子最为奇异和神秘的体验。有时候，我还会看到身边的空气到处冒出熊熊的火舌。时间一年一年地流逝，我所看到的闪光的强度不仅没有减轻，反而有越来越强的趋势，这种情况在我25岁左右时达到了最高峰。

1883年，我在巴黎，应一位著名的法国制造商之约，一起去城外打猎。因为长期在工厂内生活，突然来到郊外呼吸到新鲜空气，让我神清气爽、精神振奋。受此刺激，在当晚回城的路上，我就明显觉得脑袋里仿佛有个小太阳在燃烧，整个人都像着了火。我的头难受得要死，一整晚，我不停地用冷水敷。慢慢地，闪光出现的次数越来越少，强度也越来越弱，三周后，才慢慢恢复。所以，后来再有人邀请我去城外打猎时，我坚定地拒绝了。

每当我想到新点子时，这种闪光现象依旧会不断出现，不过

Part A
特斯拉回忆录

已经没那么叫人不安,闪光强度也有所减弱。每当我闭上双眼,照例总是首先看到一片沉静而均匀的蓝色背景,它和晴朗但没有星光的夜空一模一样。过了几秒钟,这片安静的背景开始活跃起来,闪耀着无数的绿色光芒,绿光分成几层,不断向我扑来。然后,在背景右方出现了一幅由两组平行分布、排列紧密的线条构成的美丽图案。这两组线条互成直角,五彩缤纷,以黄色、绿色和金色为主。紧接着,线条越来越亮,整个图案布满了闪闪发亮的光点。

这片景象慢慢地从我的眼前通过,大约10秒钟之后从左边消失,剩下一种沉闷而呆滞的灰色背景,接着很快变换成翻腾的云海,似乎生命要从这片云海中喷薄而出。说来也奇怪,在后一段景象出现之前,我怎么也没法给这片灰色的背景添加任何形状。每次在我入睡之前,人和物的景象不停地掠过我的眼前,当我看到这些景象时,我就知道我快要入睡了。如果景象迟迟不出现,这就是说我要通宵失眠了。我想用另外一些奇特的经历,来进一步说明想象对我早年生活的影响。

小时候,跟大多数孩子一样,我喜欢跳跃,并希望空气中有股神奇的力量能把我托住。有时候,一阵狂风从山里吹来,带着清新怡人的味道,我就会感觉我的身体就像软木一样轻飘飘的,然后我就会跳起来,觉得自己能在空中飘浮很长时间,这种奇妙的感觉让我非常享受。后来我明白，这完全是自欺欺人，并因此感到非常失望。

在童年时代，我有很多现在看来很奇怪的个人喜好和习惯，这些喜好和习惯有些可以归为外界的影响，而有些则是很难解释的。比如手镯之类的女性饰品能让我感到非常愉悦，喜悦程度取决于饰品的设计和图案，但我极其反感女人戴耳环。我喜欢闪闪发光的水晶，喜欢带有锐角和平面的物体，但是看到珍珠却会让我头昏脑胀。除非用手枪逼着，我绝对不会抚摸别人的头发。

看到桃子，我就会发高烧。只要屋子里有一小片樟脑，无论在什么地方，都能让我坐卧不安。就算到了现在，我依旧对这些东西过敏，看到就会感到心烦意乱。假如把碎纸片放到盛满水的盘子里，我的嘴巴里就会感到有一种奇怪、恶心的味道。

走路时我喜欢计算步数，吃饭时我则喜欢计算汤盆和咖啡杯的体积，以及所吃食物的份数，否则这顿饭就会吃得索然寡味。我重复过的所有动作或做过的事情，其次数都必须能被3整除，如果不是，我必须强迫自己重新做一遍，即使要花上几个小时也在所不惜。

在8岁之前，我很脆弱，性格也非常优柔寡断。那时我既没有勇气也没有能力去塑造坚定的决断力。我的情绪波动很厉害，

Part A
特斯拉回忆录

而且总是从一个极端走到另一个极端。我的愿望好像蛇怪的头[①]一样充满魔力,层出不穷,生生不息。我害怕生死,敬畏神灵,承受不了生命中的苦痛。我迷信,整天担惊受怕,生怕碰到什么妖魔鬼怪,或者任何生活在黑暗之中的邪恶猛兽。

后来,我的性格突然间发生了巨大的变化,这甚至改变了我的整个人生道路。我最大的爱好就是读书。父亲有一个很大的藏书室,我经常偷着跑进去,想方设法满足我的阅读欲望。然而,父亲却不喜欢我读书,一旦发现,他就会非常生气。每当他发现我在偷着看书时,就会把我的蜡烛藏起来,因为他担心读书会损伤眼睛。但是这难不倒我,我会找到牛油做灯芯,黏好后把它们放到一个密封的锡器中,到了晚上我就会找东西遮住书房漏光的门缝和锁眼,然后开始掌灯夜读,每每读到天色泛白。这时,所有人都还沉浸在梦乡之中,只有母亲已经起床,开始了她一天的辛勤劳作。

有一次,我在父亲的书房找到了匈牙利著名作家约西卡的一本名为《阿奥菲》的小说,这是一部塞尔维亚语的译本。不知道为什么,这本小说唤醒了我沉睡的意志力,从那时起,我开始有意识地练习自我控制。

[①] 希腊神话中的蛇怪,长着许多头,斩去后却能重新长出来。

尼古拉·特斯拉肖像

最初，我的决心很快就会动摇，就像 4 月的雪那样。但没过多长时间，我就克服了自己的弱点，终于可以按照自己的意志做事情了，这让我感到了前所未有的快乐。慢慢地，我开始适应了这种自我控制的心理训练，并养成了不自觉的习惯。一开始，我会经常压制自己的爱好。然而，逐渐的，我可以将个人爱好与意志控制结合起来。这样过了几年，我不仅可以完全控制自己的意志，甚至可以以游戏的心态控制自己的爱好，而有些嗜好其实足以毁灭意志最坚强的人。

有一段时间，我染上了难以戒除的赌瘾，这让我的父母非常担心。对我而言，每天最有意思的事情就是可以坐下来打牌。而我父亲生活非常自律，堪称世人典范，所以他坚决反对我每天浑浑噩噩地生活，在赌博上浪费时间和金钱。

那时候，我已经可以很好地控制个人意志，然而我还没有形成健康的人生观和价值观。我经常对父亲说的一句话是："如果我

Part A
特斯拉回忆录

想戒赌，分分钟都可以洗手不干，但是那种快乐只有在天堂才可以买到，非要让我放弃，值得吗？"对于我这种自我放纵的行为，父亲有时会忍不住冲我发火，而母亲却不会。她知道男人的脾气，她还懂得，一个人想改邪归正，只有依靠自己的努力。

我记得有一天下午，我输光了身上所有的钱，与其他的赌徒一样，很想再大赌一场。这时候，母亲拿着一沓钱走到我面前说："去痛痛快快地赌个够吧。你把我们的全部家当输光也就罢了，输得越快越好。我知道，你会醒悟过来的。"事实证明，母亲是正确的，彼时彼刻，我立即压制住了要去赌博的欲望。结果，我不仅战胜了赌瘾，还把它从我心上连根拔掉，丝毫念头也不留。让我唯一感到后悔的是，假如当时那种欲望再强烈一百倍就更好了，那样就更能体现出我意志的强大。从那以后，我对任何形式的赌博都不感兴趣了，就像我不喜欢剔牙一样。

过了一段时间，我又开始嗜烟如命，并最终威胁到我的健康。于是我又发挥了超人的意志力，不但戒了烟瘾，而且戒掉了各种有害健康的不良嗜好。再有就是，很早以前，我心脏出了点问题，后来才发现，主要是因为我每天早晨有喝咖啡的习惯。所以，尽管对我来说并不容易，但我还是马上把这个习惯给戒了。就这样，我不断地克服和戒除了其他坏的习惯和嗜好。虽然大多数人都认为我的这种生活方式使我丧失了很多人生乐趣，有点苦行僧的味道，但它却让我延长了生命，而且通过这种自我克制，我获得了极大的满足感。

在完成格拉茨理工学院和布拉格大学的学业之后，我的精神状况又陷入了困境，一度接近崩溃的境地。患病的这段时间内，我看到了很多奇怪的、让人费解的、无法想象的现象……

Part A
特斯拉回忆录

第二章
自我控制与早期发明

接下来我会简要讲述一下上文所说的奇特经历，或许心理学和生理学专家会对此感兴趣，而且这些痛苦的经历对我以后的心智发展和研究工作有着非常重要的影响。在讲述这些经历之前，我还是先给大家介绍一下我之前的情况吧，或许有助于找到之后我痛苦经历的源头。

当我还是个孩子的时候，父母就教育我要学会自省，这在当时让我极为痛苦。然而现在看来，这的确是一件好事，因为从小就被灌输的自省精神让我认识到：自省是人生的无价之宝，是成功的必经之路。我们所生存的现代社会对我们产生着无形的危害，生存压力和各种必备的知识每天铺天盖地而来，逼着我们不得不接受。我们绝大多数人都忽略了自己的内心世界，只是过分地关注外部世界。

可以说，这从根本上导致了数以百万计的人过早地离开世界。尽管有些人注意到了这个问题，但他们往往不能正视，从而忽略了真正的危险。这个说法不仅仅适用于个人，更适用于整个民族。

我从来不是一个禁欲主义者，但我的自我控制确实给我带来了愉悦感和丰厚的回报。为了验证我的观点，我可以给你们讲几个小故事。

在一个天寒地冻的冬夜，我要赶回酒店，但打不到出租车，于是沿着马路往回走。我的身后不远处有另外一个男人也在走路，估计跟我一样也是打不到车需要走路回家的吧。因为路面湿滑，我不小心滑了一下，在将要摔倒的时候，我凌空翻了个筋斗，双手撑地，然后起身继续走路，就好像只是表演了一个杂技一样。跟在后面的那个陌生人非常惊讶，问我多大岁数了。我告诉他我已经59岁，他惊呆了："我只见过猫这样矫健敏捷，从来不知道人也能这样。"

就在一个月之前，我想买一副新眼镜，然后就去一位眼科医

Part A
特斯拉回忆录

生那里测视力，做例行检查。我可以十分轻松地看清视力表上最下面的一行，他非常怀疑，觉得不太可能。得知我已经年过六十，他大惊失色。

我的朋友们经常评价我穿着得体，衣服非常合身，就像量身定做的一样。其实他们不知道，我的衣服都是按35年前的尺寸定做的。35年以来，我的身材就没有变过，体重也是一样。

说起体重，还有一个有趣的故事。那是1885年冬天的一个晚上，我和爱迪生先生、爱迪生照明公司的董事长爱德华·H.约翰逊以及经理巴特切罗先生齐聚位于第65弗思大道的公司办事处。有人提议互相猜体重，到我的时候，大家让我站到体重秤上。爱迪生摸了摸我全身便说："特斯拉体重142磅，误差在一盎司以内。"他猜得非常准确。我当时的净体重（不穿衣服）是142磅，现在仍然是。我悄悄地问旁边的约翰

23岁时的特斯拉（1879年）

逊："爱迪生怎么可能如此精准地猜出我的体重？"约翰逊压低声音，故作神秘地告诉我："哥们，千万别随便泄露出去，这是因为爱迪生在芝加哥屠宰场工作过很长一段时间，每天都要称几千头肥猪呢。"

我的朋友昌西·M.迪普曾经给我讲过一个英国人的故事。迪普给那人讲述自己以前的趣事，而那人却一脸不解，一年之后，才恍然大悟，哈哈大笑。必须承认的一点是，我比那个英国人更缺乏幽默细胞，因为我花了更长的时间，才明白约翰逊说的是个笑话。

现在，我的身心都很健康，这完全得益于健康而有规律的生活方式。但是，你或许想象不到，小时候我得过三次大病，连医生都觉得没救了。除了生病，因为我的无知无畏，还有过好几次遇到灾难，好在大难不死，必有后福。我曾经迷路，有好多次差一点被淹死，有一次几乎掉进热奶锅里被活活烫死，有一次险些被烧死，还有一次被埋了起来。此外，我还碰到过疯狗、撒野的牛群和尖嘴獠牙的野猪，吓得我心惊肉跳，落荒而逃。在经历过这么多劫难、病痛之后，我至今居然安然无恙、身心健康，这简直就是个奇迹。仔细回想以往的经历，我深信，我之所以能够多次幸免于难，绝非偶然，自有一股力量在起作用。

Part A
特斯拉回忆录

发明家所做的工作，从根本上来讲，是在挽救生命。利用能量、改良设备、为人们提供更舒适和便利的生活，其本质都是在提高人类生活的安全性。所以，一般而言，发明家比常人更多思善谋、敏于观察，在困境中也更有能力保护好自己。虽然没有其他直接证据，但我的经历可以佐证一二。读者也可以根据我讲的这一两个例子来加以评判。

14岁那年，我和朋友们一起去游泳。我突然想搞恶作剧吓吓他们。我打算先潜水到一个长期漂浮的建筑物下，然后趁他们不备溜到对面去。我有着鸭子一样的高超泳技，完全相信自己可以吓到他们。于是，我趁大家不注意，深吸一口气，调转方向，朝建筑物迅速游了过去。我本来以为漂浮物是安全的，能让我休息一下，但没想到，我从水里出来的瞬间就撞到了建筑物上的一根横梁。不得已，我只能再次潜入水中，继续向前游去。然而，当我第二次试图浮出水面时，我的头又一次碰到了梁木上。这时，我都要绝望了。没办法，我只能拼尽全身的力气奋力一搏，但第三次尝试的结果还是一样。

因为缺氧，我已经开始眩晕，身体也开始一点一点地往下沉。此时此刻，我已经到了崩溃的边缘，然而，就在这一霎那，我看到一道光闪了一下，然后头顶这个建筑物的结构图出现在我的脑海之中。不管是猜的还是真的看见了，反正我确定水面和架在横梁上的木板之间有一道空隙。

我感觉自己快撑不住要昏过去了,但还是奋力挣扎,从水底浮了上来,终于可以把头露出来,靠在木板上缓口气了。但祸不单行,又有一个浪花打了过来,差点要了我的小命。这时的我,就仿佛在梦中溺水一样,使劲挣扎着才能喘口气,终于我慢慢调整好呼吸,冷静下来,狂跳的心也慢慢恢复了平静。之后,我又

塞尔维亚发行的尼古拉·特斯拉诞辰 150 周年纪念邮票

Part A
特斯拉回忆录

尝试着游出这个地方,然而几次潜水都不成功,最糟糕的是,我完全失去了方向感,好在,最后我还是逃了出来。我出来时,我的朋友们正在四处打捞我的尸体,因为他们都已经绝望,以为我淹死了。

那次的鲁莽行动差点成为噩梦,让我一直心有余悸。可是,我并没有吸取教训,两年之后,我又经历了更糟糕的情况。当时我还在上学,我求学的那座城市附近有一条河,河上有一座大坝,旁边有座大型面粉厂。一般情况下,河水只比堤坝高出两三英寸,在那儿游泳基本不会有什么危险,所以,我喜欢在那儿游泳,把它当成一种锻炼的方式。

有一天,我照旧一个人去那里游泳。快游到堤坝的时候,我才发现河水已经上涨了,这个发现让我非常惊讶,于是我想赶紧游出来,但为时已晚,湍急的水流把我卷了进去。好在,不幸中的万幸,就在被水冲走的瞬间,我紧紧抓住了墙壁,这才没有被水冲出去。我努力把头露出水面,水流巨大的冲击力压在我的胸口,让我呼吸艰难。这时候,岸边没有人,我大声呼救,可是声音被轰鸣的落水声湮没。渐渐地,我身上的力气慢慢消失了,我的双手就快抓不住墙壁了。

然而,就在我快要松开手的时候,一道闪光又出现在我的眼前,我脑中浮现出了一张熟悉的水压原理示意图,我很快意识到,水流的压力与受力面积成正比，于是我慢慢把身体转向左侧，就好像被施了魔法一样，水流的压力顿时减小，而且我发现，保持左侧姿势的身体在对抗水流冲击时也更有力些。

可危险并没有远离，我迟早会被水冲走，因为就算有人注意到了我，他们也帮不上忙。虽然我现在有两只手可以用，但是我的右手已经一点力气也没有了，所以，我只能用左手抓住墙壁。我不敢换手，也不敢休息，只能慢慢地将身体往大坝方向移动。越往那边水流越急、水也更深，我面对着磨坊，缓缓地移动着，压力也越来越大，在快到堤坝尽头时，我差点就坚持不下去了。

经过漫长而痛苦的努力，我终于拼尽最后一丝力气挪了过去，刚爬到岸边，我就昏了过去。后来，在岸边的人们救了我。我身体左侧的皮肤因为承受水流冲击几乎全部裂开，而且我一直高烧不退，过了几个星期才好。但庆幸的是，我又奇迹般地康复了。

这两件事只是我的诸多经历中的冰山一角。我只是想告诉你们，如果不是有发明家的本能，我就不可能活着讲述这些故事了。

很多人对我的发明感兴趣，他们总是问我，我是从什么时候和如何开始发明创造的。根据我的记忆，我第一次发明时充满了雄心壮志，利用现成的设备尽情地发挥我的"处女秀"。事情的经

Part A
特斯拉回忆录

过是这样的,有一天,我的一个玩伴得到了一套钓钩和钓鱼用具,这在当时的村子里可引起了不小的轰动。第二天一早,小伙伴们都跟着他去钓青蛙。可是因为我跟他吵了一架,他们就把我一个人撇下了。

不能参加这次钓青蛙的活动让我失望极了,因为我从来没有见过真正的钓钩,所以只能自己想象钓钩的样子,想象它的质地和样式。于是,我琢磨着自己动手做一个。我找到一段软铁丝,然后找来两块石头,把铁丝的一头砸成锋利的尖状,再把它弯成钩形,捆在一条结实的绳子上。随后,我又砍了根竹竿,把绳子跟竹竿固定到一起,带着些诱饵,沿着小溪走到青蛙密集的地方,我的垂钓之旅就开始了。

一开始,我一只青蛙都没有钓到。我都想放弃了,这时我发现一只青蛙蹲在树桩上,正看着它面前摇摇晃晃的空钓钩。最初,它好像生病了一样,看起来一点精神都没有。没过多久,它那双充满了血丝的眼睛突然鼓了起来,身体也胀得有原来的两倍大,跟着就凶猛地扑上来咬住了钓钩,我马上把它拉了上来。成功钓到一只之后,我开始不停地重复利用这个办法,而且每次都能钓到。我的小伙伴们带着精美的钓具,却一无所获。看着我拿着自制的工具满载而归,他们都非常嫉妒。我始终保守着这个秘密,独享专利,直到圣诞节才告诉了他们。于是,所有的男孩子都学会了这个方法，来年夏天，村里几乎听不到青蛙的叫声了。

我发现，自己后来的发明，几乎都是在我原始的本能推动下进行的，我的这种原始本能——利用大自然的力量为人类谋福利——成为我以后发明创造的主要推动力。有一次我以五月金龟子为对象，展开了一项尝试。五月金龟子也被美国人俗称为"六月臭虫"，这是真正的害虫，它们经常会集体活动，因为数量极为庞大，它们往往能靠强大的力量把树枝压断。它们所过之处，就连灌木丛也无法幸免，一片狼藉。

我发明了一套很轻的装置，用几块破木片拼凑成一个风车，上面装有一个轴和滑轮，在上面绑上四只臭虫。被绑住的臭虫拼命扑打着翅膀，这台"虫力发动机"就能转动了。之后，我再把它们放到更大的圆盘上转动，这样得到的能量就会越来越大。这种虫子很卖力，会不停地转动，一旦开始就停不下来，持续时间达数小时之久。眼看着这个试验很成功，可是碰巧一个男孩来找我，他是一位奥地利退役军官的儿子，他一闻到这些六月臭虫的味道，禁不住馋涎欲滴，居然抓起臭虫塞到了嘴里，而且还吃得津津有味。这实在把我恶心坏了，再也没有兴趣继续这个试验。不仅这番研究告吹，甚至，从那以后，我就再也不碰五月金龟子或者任何其他昆虫了。

Part A
特斯拉回忆录

后来，我的试验对象换成了祖父的钟表，我把这只钟拆了又装，装了又拆。我每次拆起来很顺手，但重装时就不灵了。终于有一天，祖父忍无可忍，再也不准我动他的钟了。等到我又开始重操拆装钟表的旧业时，已经是30年以后了。

不久之后，我用一根空管、一个活塞和两个插栓组装了一个玩具气枪。玩具枪的基本原理是通过气体膨胀产生的动力把弹头发射出去，我设计的这把枪也是。射击时，活塞冲向枪体腹部，带有两个插栓的管子向后移动，两个插栓之间的空气受到挤压膨胀，产生动力，其中的一个插栓就会砰的一声射出去。这种玩具枪好玩与否的关键在于枪管的选择是否合适，结果我在自家菜园里找到了适合做枪管的管子。那把玩具枪做得非常成功，但我的射击活动可能会打破家里的玻璃窗，所以家人又把我的这项发明活动给扼杀了。

我记得，那时候我还喜欢上了制作木质的宝剑，可以很容易地从家里的家具上取材。那段时间，我受塞尔维亚爱国诗歌的影响，开始无比敬仰主人公的高超武艺。于是，我常将地里的玉米苗当成敌人，挥舞着宝剑对它们进行数小时的大肆杀戮。但是，我辉煌的战绩换来的是妈妈抽的耳光。我不得不承认，妈妈的耳光是实打实的惩罚，而不是只吓吓我做做样子而已。

这些事都发生在我6岁以前，类似的壮举数不胜数。那时，

特斯拉传
NIKOLA TESLA'S BIOGRAPHY

我们家还住在一个小村里，我在那个名叫斯米连的村内读了一年小学。后来，我们家搬到了一个小镇上，那个镇名叫戈斯皮奇。对我而言，这次搬家开启了我不幸生活的序幕。

在美丽的斯米连，我们家养了很多动物，比如鸽子、小鸡、绵羊，还有为数众多、一出现就蔚为壮观的鹅群，鹅群每天清晨都迎着朝霞出去觅食，傍晚日落时分就会列队归来，队伍整齐划一、昂首阔步，就算今天最优秀的空军部队看到了都会自叹弗如。

但是，搬到镇上之后，我就足不出户了，像个囚犯一样被囚禁在屋里，唯一能做的就是透过窗帘观察街道上的陌生人。我生性内向，不愿与陌生人打交道，我宁可与一只咆哮的狮子共处，也不愿看游荡在大街上的花花公子。最让我烦恼的是，每到礼拜日，必须要穿戴得整整齐齐地去教堂出席宗教仪式。在那里，我发生了一次事故，多年之后回想起来，仍然心惊胆战。这是我第二次在教堂发生的意外，第一次是在一个晚上，我被困在一个古老的教堂里，整整一个晚上无法脱身。那个教堂位于地势险要的高山之上，每年只对外开放一次。那次的经历非常可怕，至今想起来还不寒而栗，但是，相比起来，这次的经历更加糟糕。

镇上有位非常有钱的太太，她心地善良，但很讲究排场，爱

Part A
特斯拉回忆录

慕虚荣。每次到教堂去的时候,她总是打扮得花枝招展,穿着曳地长裙,仆从们前呼后拥。有一个星期天,在钟声敲响之后,我就赶紧往楼下跑,正赶上这位高贵的太太盛装走到门口,我一下踩到她的曳地长裙上。只听刺啦一声,她的长裙就裂开了,就像是一群新兵扳动机枪扫出一排排子弹。我父亲气得脸色铁青,但他只轻轻地打了我一记耳光,这是他对我仅有的一次体罚,然而直到现在我还觉得脸上火辣辣的。在当时的窘况下,我羞愧得无地自容。实际上,从那以后很长时间,人们都不理睬我了。还好,后来又发生了一件事,才让人们对我刮目相看,也让我在大家面前重拾了尊严。

镇上有一位年轻有为的商人,他买了一辆新消防车,组织了一支消防队,还特意给消防队员每人发了一套制服,每天组织消防队严格训练,准备举办一个检阅仪式。

那天,红黑相间的消防车被运到河边,仪式准备正式开始,全镇的男女老少都跑出来看热闹。先有人发表了一通演说,当所有演讲和仪式都结束之后,组织者下令消防车现场表演喷水,不料喷水枪滴水不出。虽然现场有很多专家和教授,但一直没能排除故障,急得团团转。当我赶到现场时,这场表演变成了一场虎头蛇尾的闹剧。实际上那时的我根本不懂什么机械装置原理,但我本能地猜到肯定是空气压力出了问题。所以,我跳进水里,在水中找到胶皮管，发现果然是胶皮管脱落了。

在水中摸索了一会儿，将胶皮管重新插好，水哗哗地喷了出来，故障马上就排除了。很多身穿漂亮衣服的人们被淋得浑身是水，但仍喜笑颜开。很久以前，一丝不挂的阿基米德在锡拉库萨街头奔跑，高呼："我想出来了"，那种轰动程度也赶不上我引起的轰动厉害。大家把我扛在肩上，兴高采烈地欢呼，我转眼间变成了一名盖世英雄。

搬到镇上后，我在那里上了四年小学，这是为了以后能进入中学和大学继续深造做准备。但是，闲不住的我在此期间又继续制造出了很多麻烦。特别值得一提的是，我曾经获得了"捕乌鸦冠军"这个特别威风的称号。我采用的捕捉方法十分简单，只需要跑进树林里，然后躲在灌木丛中，模仿乌鸦的叫声就可以。一般情况下，我会先听到几声回应，过不了多久，就会有一只乌鸦拍打着翅膀落到我附近的灌木丛中。这时，我只需扔出一块纸板，乌鸦的注意力就会被转移到纸板上，我马上纵身跃起，在它从灌木丛中挣脱出来之前，把它牢牢抓在手里。就是用这个办法，我捉住过好多乌鸦。然而，后来发生的一件事，让我对乌鸦充满了敬畏的感觉。

有一天，我和小伙伴们一起捉住了一对羽毛发亮的乌鸦，就在我们打算离开那里的时候，突然有上千只乌鸦聚集在一起

Part A
特斯拉回忆录

向我们围过来，嘴里还发出可怕的叫声。过了没几分钟，它们就向我们冲过来，很快将我们包围了起来。刚开始，我还觉得很有趣，可是后来后脑勺上受到了重重的一击，一下栽倒在地。很快，它们对我的攻击越来越猛烈，直到我不得不松开那两只乌鸦，它们才算罢休。我赶紧跑到旁边的山洞与里面的朋友汇合。

学校里有一批机械模型引起了我的兴趣，之后我就开始关注水轮机。我曾经兴致勃勃地仿造过好多台水轮机模型，动手操作的过程让我收获了极大的快乐。我是一个随性的人，就是确立人生目标这样的大事也有着很大的偶然性，这个时期的经历可以作为证明。

我叔叔对我喜欢机械制造的爱好非常反对，曾经批评过我很多次。有一次，我读到一篇描写尼亚加拉大瀑布的报道，被其深深吸引住了，心向往之。我的脑海里马上浮现出一台被飞流直下的水流推动的巨大水轮，这画面让我深深着迷。我告诉叔叔说，总有一天，我要到美国去实现这一想法。30年后，我终于看到我当时的理想在尼亚加拉实现，感觉太神奇、太不可思议了！

除此之外，我还发明制造了其他很多装置，其中我最满意的作品就是弓弩。用我的弩射出去的箭，速度飞快，转眼间就看不到影子了；而且力度很大，如果是在比较近的距离，一英寸厚的松木板都可以被箭头穿透。时间长了，不断的拉弓射箭使我的腹部得到锻炼，长出了好几块腹肌。我个人觉得，很有可能是因为长期坚持这项训练，使我有了消钢化铁的胃！

另外，我还有一项神乎其技的本事绝对不能略过不提，这就是我抛掷击物的绝技。就凭这门绝技，我完全可以让古希腊竞技场中所有的观众惊叹不已。现在，听我下面的故事肯定会让你们觉得难以置信，但这确实是我凭这一门独步天下的绝技创下的丰功伟绩。

那时候，我随时随地都要练习我的绝技。有一天，我和叔叔沿着河边散步，太阳即将下山，在水中嬉戏的鲑鱼不时从水中跃起，在夕阳的照射下，鱼鳞闪烁着光芒，在远处礁石的映衬下，鲑鱼的轮廓能看得一清二楚。当然，在这么有利的条件下，任何孩子都有可能击中一条鱼，然而，我要完成的任务可不一般，艰巨异常。

我让叔叔仔细观察我的每一个动作。我告诉他，我不仅能用石头击中鱼，还能让它撞在礁石上断成两截。说时迟那时快，我手中的石头飞了出去，整个过程跟我说的完全一样。叔叔好像看见魔鬼一样地盯着我，简直惊得灵魂出窍。他冲我大声嚷道："撒旦，快从我身边滚开！"此后连续好几天，叔叔都没搭理我，也

Part A
特斯拉回忆录

不跟我说话。这样的光辉事迹还有很多,不过都随着时光流逝而被我逐渐淡忘了。然而,就上面这些丰功伟绩,也足以让我安逸地吃上一千年的老本了。

第三章
全情投入于发明

10岁时,我进入了一所文理中学,这是一所新成立的学校,教学设备非常完善。这里的物理部装备尤其良好,有各种各样经典的教学装置,比如电学设备以及机械仪器。老师进行的各种试验让我无比痴迷,毫无疑问,它们激起了我强烈的发明欲望。

那时,我非常热爱数学,因为出色的速算能力,我经常受到老师的表扬。这主要是因为我喜欢数字想象和数学运算,从而培养了出众的数学才华。这种习惯已经远远超出直觉,而是完全融入了现实生活中。无论是在黑板上列具体算式还是心算,也不管

Part A
特斯拉回忆录

数字组合如何复杂,对我而言都是一样的小菜一碟。

然而我格外反感徒手绘图课,因为我实在没有办法专心致志地画上好几个小时。这是一个比较奇怪的现象,因为我的家族成员中的大多数都很擅长徒手绘图。也许,我之所以如此反感徒手绘图课,是因为我更喜欢不受干扰地思考吧。那时如果不是有几个男孩真的笨到什么都学不会,单就徒手绘图成绩来说,我在班里一定是垫底的。在当时的教育体系中,绘图是必修课,假如这门课程不合格的话,对学生来说就是致命的缺陷,继续升级深造都会受到影响,父亲为了能让我顺利通过而费尽了心思。

在这所学校上学的第二年,我开始沉醉于一个想法,那就是利用持续不断的空气压力产生连续运动。前面所述的修好消防车事件让我大受鼓舞,想象力也得到了更充分的激发。那件事还让我真切地认识到,真空状态确实能带来无限的可能性。我迫不及待地想驾驭这种源源不断的力量,简直到了如痴如醉的地步,但实际上,我有很长一段时间都是在黑暗中摸索彷徨。无论如何,我的全部心血都将倾注到这一项发明上,这一发明也为我取得了无人可及的成就。

我设想一个圆柱形的装置,装上两个轴承,就可以在轴承的作用下自由旋转。圆柱形的一部分套着一个精密配合的矩形槽,槽的开口一侧用一个隔板封上,圆柱体被隔板分隔成两部分,中间有不漏气的滑动接头将其完全分开。这两部分中其中一部分完全封闭，只要把它里面的空气彻底抽空，另外一部分就会自动敞开，这样圆柱体就能不停地旋转。至少，我是这样设想的。

于是，我按设想的样子制作了一个木制模型，并按设计原理仔细地把它安装到气泵的一边。让我惊喜的是，圆柱体果然能轻微转动，我真是开心极了。

能够飞行是我的另外一个梦想，虽然在这方面我有着太多让人气馁的回忆——我曾经撑着一把雨伞从屋顶往下跳想要飞起来，结果却重重地摔在地上。以前，我每天都希望自己能够腾云驾雾，穿越云层飞到遥远的地方，但是我始终不明白究竟如何怎样才能办到。现在，我有了具体的办法，而且已经制造出了实物模型，接下来我要制作一架飞行器，什么也不用，只要一根转轴、一双可拍动的翅膀以及极高程度的真空。假如能够梦想成真，我要每天都驾着一辆舒适豪华的飞行器畅游天空，那派头就连所罗门国王也会羡慕嫉妒恨的吧。

过了好多年，我才明白，大气压力是垂直作用于圆柱体表面的，我所看到的轻微旋转只不过是因为漏气造成的！当我意识到这一点时，感到非常伤心。

我差点没能从文理中学毕业，因为当时我害了一场重病险些丧命，准确地说是害了十几种疾病。我的境况十分危急，就连医

Part A
特斯拉回忆录

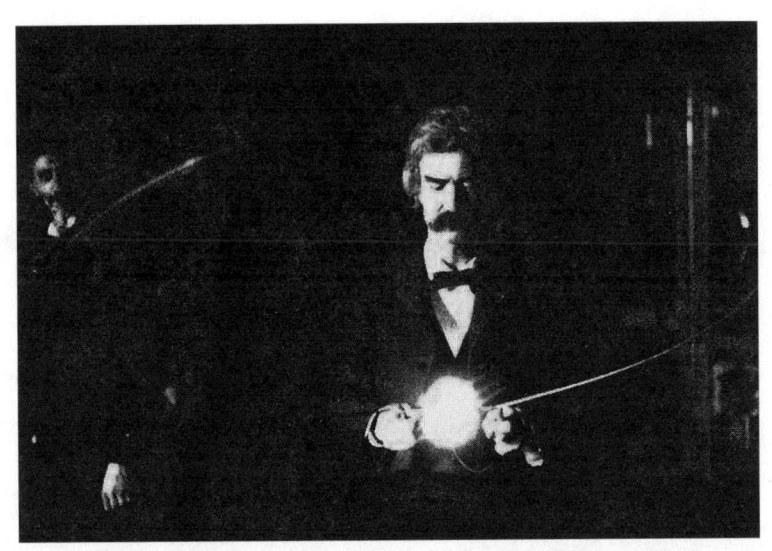

1894年，马克·吐温在尼古拉的实验室里

生都对我不抱希望了。就在这段时间，我仍然坚持读书，从当地的公共图书馆借书。这家图书馆平时很少有人去，我还在那里找了份工作，帮忙把图书分类并编辑图书目录。

有一天，图书馆到了几本新书，与我以前读过的书不一样，书的内容非常有吸引力，我被彻底迷住了，完全忘记了自己身患重症。这几本书都是马克·吐温的早期作品。我觉得是这些书给我带来的愉悦感，让我的身体神奇地复原了。25年之后，我在美国遇到了马克·吐温，并与他成为好朋友。当我告诉了他我的这段经历时，这位伟大的幽默大师竟然眼泪盈眶。

特斯拉传

NIKOLA TESLA'S BIOGRAPHY

后来,我又到克罗地亚的卡尔洛瓦茨文理学校继续上学。在那里我住在一位阿姨家,那位阿姨非常了不起,她的丈夫是一位陆军上校,曾经参加过多次战役,久经沙场。在她家生活的那三年时间,我印象深刻,永远也无法忘怀。

她家规矩森严,就算是战争时期的军营也不如她家那样纪律严明。而我就好像一只金丝雀一样,被悉心喂养。阿姨家的菜都制作精美,味道可口,但是每份菜的量都很少,所有的菜加起来只有我正常食量的十分之一。阿姨把火腿切成像纸一样的薄片。每当上校准备给我的盘子里多加些食物时,都会被她迅速拦住,并且她还会夸张地对上校说:"要小心,尼科[①]的饭量很小。"实际上,我的胃口极大,但在她家我一直承受着坦塔罗斯[②]的痛苦。那时,阿姨家的生活优雅从容、充满艺术气息,在当时的社会环境和社会条件下,这是极为少见的。

这个地方地势低洼,沼泽密布,虽然已经服用了大量的奎宁,我还是摆脱不了疟疾和发烧,一次又一次地犯病。有时候,随着河水上涨,大批的老鼠就会进入民宅,它们啃噬所有能接触到的东西,就算是辛辣的红辣椒它们都不放过。对我而言,这些害人

[①] 尼科,尼古拉的昵称。
[②] 坦塔罗斯是希腊神话中的人物,被囚禁在地狱中,他头下有水,头顶有水果,但就是不能吃喝。

Part A
特斯拉回忆录

的老鼠是我消遣的好对象。我发明了各种灭鼠方法，因为消灭的老鼠多，当地人还给我起了一个并不值得夸耀的头衔——"捕鼠者"。最后，我终于完成了高中学业，我的痛苦生活也要结束了。在我拿到高中毕业证书时，也走到了人生的十字路口。

那时候，父母仍然坚定地想让我子承父业做一名牧师，一想到这里，我就万分恐惧、难以接受。实际上，在学校物理学教授的启发下，我已经对电产生了浓厚的兴趣。那位物理学教授具有很强的创造力，他经常自己制作装置，用来给大家论证一些物理学原理。我记得，他曾经制作过一个球状物，外面用锡纸包裹，可以自由旋转。只要与静电起电器相连接，那个球状物就会迅速旋转起来。我亲眼目睹了他的试验所带来的神奇现象，让当时的我激动不已，心情久久不能平复。我看到的每次试验都会在我的头脑中一遍遍回放。我极度渴望能深入了解电的神奇力量，渴望终生从事试验研究工作，但与此同时，我又心情沉痛，不得不面对现实与失败。

就当我结束学业准备赶回遥远的家乡时，父亲却要我去狩猎。父亲的这个出乎意料的要求让我非常不解，因为他从来都是非常反对这项运动的。几天之后，我才了解到，父亲之所以提出反常要求，是因为家乡霍乱正猖獗流行。但我没有理会父母的好意，找了个机会回到了戈斯皮奇。在那里，霍乱经常发生，差不多每

特斯拉传
NIKOLA TESLA'S BIOGRAPHY

隔15至20年就会爆发一次。说起引发霍乱的原因，那里的人们简直无知得可怕。他们认为，是空气中有不干净的东西，比如难闻的气味和灰尘，这些脏东西通过空气传播，进而导致了霍乱的发生。而与此同时，他们却无知地继续使用被污染的水源，大批人员因此被传染致死。

到家当天，我就被传染上了这种可怕的疟疾。虽然我最终活了下来，但是我在病床上躺了足足9个月，几乎动弹不得。我的元气因为这次大病消磨殆尽，我第二次遭遇到死亡的威胁。我的生命多次垂危，在我最后一次命危之际，父亲冲进了我的房间。虽然他极力掩饰内心的焦虑，尽力安慰着我，但我仍然能看出他脸色苍白，连声音都紧张得变了调。我跟他说："如果你答应让我学习工程技术的话，我或许还能够好起来。""我答应送你去世界上最好的工学院。"他庄严地说。回答是这么严肃，我知道他说了会算话的，长时间压在我心里的一块大石头终于落地。

幸亏有神奇的豆子，用它煎的苦口良药救了我的命，不然父亲的许诺可能就没有用武之地了。我很快就康复了，如同拉撒路①一般原地满血复活，这让所有人都惊奇不已。父亲坚持让我到山

---

① 拉撒路是《圣经》中的人物，死后被耶稣救活。

Part A
特斯拉回忆录

区过上一年,在那里野营爬山,加强户外体育锻炼,以便增强体质。于是,我背着一捆书和必需的户外装备,开始了在山间的游历之旅。亲近大自然不仅可以强身健体,也能够锻炼我的想象力。

我曾经思考、计划、构思了很多天马行空的创意,我知道我具备超凡的想象力,但是欠缺对知识原理的掌握。我曾经构思过一个方案,希望在海底铺设一根管道,通过一座水泵站将水压进管道,借助这股力量,利用水流推动装有信件和包裹的圆形信筒,从而达到信息传递的目的。我对于这座水泵站进行了精确计算和设计,也注意到并努力完善了其他各种细节,但我却栽在了一个小地方上。我假定海底的水流为任意速度,并且更偏向于无限提高这个速度,通过精密准确的运算,使装置取得完美的效果。但是,思索良久,我发现我还是无法解决管道对水流的阻力问题,我不得不放弃了这项计划,等着别人去发明吧。

我的另一个想法是环绕赤道修建一座庞大的架空环圈,它自由悬浮在空中,利用某种反作用力阻止环圈旋转,整个环圈按照与地球相同的速度自由旋转。这样一来,旅行的人们就可以登上环圈,以每小时 1000 英里的速度绕地球飞行,这是火车无论如何也达不到的速度。也许你们觉得我的想法有些滑稽可笑,这个我也承认,因为这个方案操作起来很难,但这跟纽约的一位知名教授的想法比起来就显得好多了。他的想法更加不切实际,他想把热带空气抽到温带去，完全忽视了上帝早已准备了一台庞大的机器来实现空气的流通。

我还有一个更有意义、更有吸引力的想法，那就是通过地球自转获取能量。我注意到，由于地球自转带来昼夜交替，其表面物体的运动方向与水平方向时而相同，时而相反。这一方向的改变引起了巨大的能量变化，如果我能够用一种简单可行的方法将那些能量收集起来，并将其作为动力提供到地球上任何可居住的角落，那该是多么巨大的能量。但是，我后来意识到自己跟阿基米德一样遇到了无解的困境——他曾试图在宇宙中寻找一个固定支点，可以让他撬动地球。想到理想无法实现，我的心情失落到了极点。

那一年的休整期结束之后，我进入了奥地利斯蒂里亚省格拉茨市的理工学校学习，这所历史悠久、声名卓著的大学是父亲专门为我挑选的。这是我期待已久的时刻，我可以安心在这里学习，因为我得到了充足的学习经费，我下定决心一定要尽快完成学业。有父亲的教育和我以前的各种历练做基础，我的学习底子比一般同学都要好。我掌握了几门语言，阅读过几座图书馆中的书籍，多多少少都从中得到了有用的信息。而且，这是我第一次可以按照自己的意愿选择要学习的科目，我终于摆脱了徒手绘图课的烦恼。

Part A
特斯拉回忆录

我下定决心要给父母一个惊喜。第一学年，我每天都埋头苦读，往往从凌晨三点开始学习，一直到晚上十一点结束，就算是周末和节假日也不例外。由于同学们都懒懒散散，因此我轻而易举地超过了他们。那一学年，我通过了九门考试，教授们都认为我的成绩已经远远超过了最高标准。放假后，我拿着"辉煌"的成绩单回到家中，希望父母能以我为傲。但是，让我失望的是，父亲却对我辛辛苦苦取得的荣誉毫不在乎，成绩得不到家人的认可让我感到莫大的羞辱。这件事让我备受打击，差点为此放弃了理想，直到父亲去世之后，我在一个包裹里发现了教授写给父亲的信。教授在信上说，我太用功了，除非父亲能带我离开学校，否则我很可能会因为过度劳累而丧命。这封信消除了我对父亲的误解，同时也让我痛不欲生。

从那以后，我专攻物理学、力学和数学，还利用空闲时间在图书馆学习。无论做什么事情，我总强迫自己坚持到底，这种习惯经常让我陷入困境。曾经有一段时间，我开始攻读伏尔泰的著作，读了之后才发现，他的著作全部都是用小字号印刷的，而且厚厚的有将近一百卷之多。这位"怪人"靠一天喝72杯黑咖啡来支撑他把这些著作写完。但我下定决心，不读完这些著作是不会罢休的。读完最后一本书时，我终于松了一口气，心想："我再也不看了！"

由于第一学年的出色表现,几位教授对我青眼有加。其中有教算术学和几何学的罗格纳教授、教理论与实验物理学的教授珀施尔先生,以及教积分学并对微分方程有深入研究的阿勒博士。我听过课的讲师中,最有才气的就是阿勒博士。他对我也非常关注,我们俩经常在课堂上一待就是一两个小时,他会给我出很多难题让我解答,我乐此不疲,并因此收获颇丰。我曾经向他介绍了自己构想的飞机,这个构想是以合理的科学原理为基础的,并不是不切实际的想象。由于有了我的"涡轮机",如今,这个构想已经变成了现实,很快,它就会展现在世人面前。

罗格纳和珀施尔两位教授的性格都有些怪异,罗格纳教授的表达方式非常独特,无论什么时候,只要说到关键之处,他总会先长长地停顿一番,卖足关子,吊起人们的胃口。珀施尔教授是一位条理清晰、理性务实的德国人。他手脚粗大,好像熊的爪子。但他所做的实验极其精确,没有丝毫误差,真叫人心醉神迷。

在那所高校学习的第二个学年,一台从巴黎运来的格雷姆动力机被送到学校,这台机器有马蹄铁式的叠片磁铁,有用金属丝缠绕的装有整流器的电枢。连接之后,它就能展示电流的不同效果。但是,当珀施尔教授操作时,这台机器冒出了大量火花,电刷发生了故障。我认为,可以对机器做些改进,拆掉磁铁和电枢

Part A
特斯拉回忆录

也可以让电机运转。珀施尔先生断然予以拒绝,他认为我的想法行不通,还让我在课堂上对这一问题发表了自己的看法。最后,这位德国学者评论说:"也许特斯拉先生将来能做出巨大的成就,但是仅就这一问题而言,我敢断定,他的想法根本不可能成功,这等于将万有引力一样的永恒拉力转化成一种旋转力。这是永动机的概念,永远不可能实现。"

然而,有时候人的直觉是可以超越知识的。毫无疑问,我们大脑中埋藏着一些神奇的神经纤维,当我们的逻辑推理或其他思维方式无能为力时,它们能帮助我们发现真理。教授的权威曾一度使我对自己的想法表示怀疑,但很快我又开始坚信自己的判断,我以年轻人饱满的热情和无穷的信心投入到了具体研究中去。

我开始在脑海中想象直流发电机,想象它运转起来的样子,并观察电枢中电流的变化。接下来我再想象交流发电机,然后按照相同的研究方式来观察和改进。最终,我构想了一个既有电动机又有发电机的系统,并让这两部分分别以不同的方式运转。对我而言,在我头脑中构思的图像都非常真实,跟实际看到的装置没什么差别。在格拉茨的剩余时间里,我一直在进行这项高强度的研究工作,但一直没取得成果。后来,我几乎放弃了,觉得问题确实无法解决。

1880年，我去了波西米亚的布拉格，希望能完成父亲的心愿，在那里完成大学学业。在布拉格，我的研究取得了非常重大的进步。我把整流器从发电机上拆了下来，从一个新的角度观察发生的现象，但还是没有获得有用的成果。

在接下来的一年中，我对生活的认识发生了很大的转变。我突然意识到，父母已经为我付出了太多，所以我下定决心要减轻他们的负担。这时候，美国掀起的电话浪潮刚刚影响到欧洲大陆，消息传来，匈牙利的布达佩斯也要设立一个电话局了。对我而言，这是难得的发展机会，于是我奔赴布达佩斯，我家的一个朋友是电话公司的负责人，托他给我在那里找了个职务。

在那段时间，我患了一种奇怪的病症，精神完全崩溃，关于这点我在前面也提到过。在患病期间，我有着超乎人类想象的经历。我的视觉和听觉一直异常敏感。我可以很轻松地看清很远处的物体，而那距离对一般人而言都是完全看不清的。在童年时期，我好几次在夜里被火苗的噼啪声惊醒，而着火的邻居家里完全无人发现，他们都处于睡梦之中。很多次，是我大声呼救，将他们从遭受火灾的房屋中救了出来。1899年，我已年过40，那时我正在科罗拉多进行闪电研究。我可以清晰地听到550英里以外的雷声，而我那年轻的助手最远只能听到150英里以内的声音。这可以说明我的听力敏锐程度是常人的13倍。然而，与

Part A
特斯拉回忆录

我在大脑承受巨大压力时的听力相比,这样的听力简直就跟聋子一样。

在布达佩斯,隔着三个房间,我都可以听到钟表的滴答声;一只苍蝇在我房间里落到桌面上时,我耳朵里就会产生闷雷般的轰鸣;几英里之外的一辆马车驶过,就能让我的全身感到震颤;二三十英里以外的火车机车鸣响汽笛,我就感觉到自己坐着的椅子或凳子在剧烈晃动,那种痛苦实在让人无法忍受。而且,我脚下的地面也总是不停地颤动。为了能够休息,我必须要在床下垫上橡胶垫子。远近传来的咆哮声,让我常常感觉有人在我耳边说话,要是我不能将它们一一分辨清楚,那着实太叫人毛骨悚然了。从桥梁或其他建筑物下面经过时,我必须使出全部的意志力,因为经过时我会觉得头颅简直就要被挤碎了。在漆黑的地方,我如同蝙蝠一样敏锐,凭着额头上的一种怪异的感觉,我就能判断出12英尺之外有着什么东西。我的脉搏时而缓慢,时而急促,有时每分钟只跳几下,有时又可以达到每分钟260次。我身体的肌肉连续不停地抽搐和打颤,这让我痛苦不堪。一位颇有名望的医生让我每天服用大量溴化钾,他断言,我的病前所未闻,是一种不治之症。

我终生的遗憾是,当时没有生理学家和心理学家对我的病症进行观察。虽然我压根就没有指望能够再次恢复健康,但我从未放弃对生命的坚持。任谁也不能相信,一具无药可救的身躯"残骸"还可以变得精力旺盛、坚韧顽强,而且能够在接下来的38年中连续工作,几乎一天都不曾停歇。最不可思议的是,我觉得自己依然身强体壮,思维敏捷。但是,这确实就是我的真实经历。由于我对生活的强烈渴望,还有继续工作的顽强信念,以及一位运动员朋友的悉心帮助,奇迹出现了。我不仅恢复了健康,思维也变得更加活跃。

后来,我再次回想这段经历时,甚至还为"战争"结束得过早不能尽兴而心存遗憾,在这场对抗中,我还有好多能量没来得及发挥呢。

在这几年里,我始终没有停止思考那个令人不满意的直流电机问题。当我考虑这个问题时,我与普通人的想法完全不同,一般人只是一心想获得成功,但对我而言,这是一个神圣的赌约,是一个关系生死存亡的大问题。我知道,如果失败了,我就会粉身碎骨。但事实上我已经感觉到了,我打赢了这一仗。我已经想到了问题的解决办法,只是我还不能用语言准确地将其表达出来。我现在还能清晰地回想起那时的情景。

一天下午,我与朋友在城市公园一边散步一边背诵诗歌。那个年龄的我,可以整本整本地背诵书籍的内容,而且一字不差。其中,歌德的《浮士德》便是我耳熟能详的一本著作。那西沉

Part A
特斯拉回忆录

的太阳让我想起了其中的一段光辉壮丽的篇章:"落日西沉,白昼告终,乌飞兔走,又促进新的生命流通。唉,可惜我没有双翅凌空,不断飞去把太阳追从!一场美丽的梦想!太阳已经远去。唉!肉体的翅膀,毕竟不易和精神翅膀做伴。"当我背诵这段发人深省的诗句时,好像有一道闪电从我的脑海中划过,突然我想到了问题的解决方法。我马上找了一根树枝在地面上画起图来。6年后,我给美国电气工程师学会作报告时展示了这些图。

当时我脑海中浮现的图像,就像现实生活中的金属和石块一样具体、生动、实实在在。我一边画图,一边向他介绍:"看我这台电动机,我要叫它这样反过来转。"所以,跟我一起散步的朋友完全能够理解这些图。我沉浸在狂喜之中,那种激动简直无法形容。我想皮格马利翁①看到自己的雕像获得生命之时的狂喜也不如我当时的感受强烈吧。就算我碰巧发现了上千个大自然的秘密,我也不稀罕,情愿用它们来换取这个发现。为了这个发现,我实在经历了太多的艰难困苦,甚至面临过死亡的威胁。

---

① 皮格马利翁是希腊神话中的人物,善雕刻,雕刻作品变成真人,并成为皮格马利翁的妻子。

第四章
交流电的诞生

自那以后，我完全沉醉于在脑海中构图和设计新元件所带来的享受中，这种极大的精神享受，我之前也有过体验。各种创造的灵感像泉水一样在我的脑海中源源不断地涌现，唯一的困难就是，如何迅速地将这些灵感紧紧抓住。

在我看来，我头脑中想象出来的各种设备装置都是切实存在的，我对每一个细节都了如指掌，哪怕最细微的标识和磨损痕迹也逃不过我的眼睛。只要想象一下发动机在持续不停地飞转，就好像一道迷人的风景展现在眼前，让我满心欢喜。当天生的兴趣

Part A
特斯拉回忆录

爱好逐渐发展成为一种强烈的欲望时，人们就会像穿上了七里格鞋①一样，神速地奔向他的目的地。实际上，在不到两个月的时间里，我就设计出了几种型式的发动机并加以完善。现在，这几种发电机都是以我的名字命名。后来，现实生活迫使我暂时中止这种极为耗费心智的活动，或许这也是一种幸运。

我最初来到布达佩斯，是因为一份不太成熟的电话业研究报告，想来这里寻找机会。也许一切都是命运的安排，来到这里，我在匈牙利中央电报公司谋到了一份差事，从事制图员的工作。至于

24 岁时身穿民族服饰的特斯拉（1880 年）

薪水方面，我想还是不要说出来的好。比较幸运的一点是，总监很快注意到了我并对我青眼有加，开始让我负责新设备的数据计

---

① 七里格鞋是童话故事中的一种鞋子，人穿上后，一步就迈七里格（一里格约为三英里）。

算、设计和评估等工作。后来，电话局成立了，我也负责类似工作。这份工作使我积累了宝贵的知识和实践经验，同时我的发明创造才能也得到了充分施展。我对中央车站的电话装置做了许多改良，还发明了电话的中继器或者说信号放大器，但是这项技术我没有申请专利保护，也没有公开宣布。不过到现在为止，它的发明依然应该归功于我。公司创办人普斯卡斯先生对我的工作效率非常欣赏，在卖掉布达佩斯的公司以后，他为我介绍了一份在巴黎的工作，我很愉快地接受了。

巴黎这座浪漫的城市给我留下了不可磨灭的印象。到了这里之后，我全然陶醉于她的异国风情之中，接连几天都在它美丽的街道上徜徉。处处引人入胜，令人流连忘返。美中不足的是，每个月的薪水实在是微薄了些，几乎都是刚刚到手就没了。有一次，普斯卡斯先生问我在这个新环境中的感觉如何，我跟他说："每个月的后29天都是最难熬的。"

在这里，我心情轻松，过着惬意闲适的生活，人们一般把它称为罗斯福式的生活方式。无论天气如何，每天清晨，我都会步行从我居住的马塞尔林荫大道去塞纳河畔的游泳馆，在泳池里游上27个来回，随后再步行一个小时到伊夫里，这里是公司工厂的所在地。七点半，我在工厂吃早饭，准时得与伐木工人一样，之后就开始等着午饭时间的到来。

Part A
特斯拉回忆录

工作期间，我的主要任务是帮助公司经理解决难题。经理名叫查尔斯·巴彻勒，是爱迪生的助手和好朋友。我在公司结交了几个新朋友，他们是美国人，因为我台球打得好，他们喜欢跟我一起玩。我向他们推介了自己的发明，机械部的负责人叫坎宁安先生，他甚至提议我成立一家股份公司。当然，对我而言，这样的提议似乎太过荒谬可笑，我实在不理解他为什么会有这样的想法，也许这就是美国人的做事方式吧。我一直没理会，后来也就不了了之了。在接下来的几个月里，我一直奔波于法国和德国之间，负责解决发电厂出现的故障。

回到巴黎之后，我试图改进发电机，并向公司管理人之一劳先生提出了这一计划，获得了他的许可。我的试验取得圆满成功，这让公司董事们非常高兴。于是，他们开始授权我研发自动稳压器，这项研究我期待已久了。过了没多久，位于阿尔萨斯地区的斯特拉斯堡市的新火车站发生了一次事故。在火车站剪彩仪式上，由于配线短路，照明设备发生了爆炸，有一大片墙壁都被烧毁了，而当时德国的老皇帝威廉一世就在现场。这让德国政府非常光火，拒绝使用这一照明设备。这样一来，法国公司将遭受巨大的财产损失。考虑到我会说德语，而且以前的工作表现也很出色，公司就委托我去与德方协商。就这样，在1883年初，我被派往斯特拉斯堡市解决这一问题。

特斯拉传
NIKOLA TESLA'S BIOGRAPHY

在斯特拉斯堡市发生的一些事，我今生今世都难以忘怀。凑巧的是，那时生活在斯特拉斯堡的很多人，后来都成了蜚声国际的名人。后来，我经常跟别人说："在那座古老的城市里，有一种叫作伟大的'细菌'。别人都'感染'了，我却'幸免于难'！"

到了那里之后，我没日没夜地工作，处理设备故障、与各方沟通、与政府官员开会等，忙得不可开交。但只要能挤出一点时间，我就忙里偷闲，用我从巴黎随身带来的各种材料，在火车站对面的一家机械商店里，组装一台简易电机。但是，因为工作实在太繁忙了，这事直到那年夏天才弄完。在不需要滑动触点和整流器的情况下，不同相位的交流电也可以让电机转动起来，这与我一年前在布达佩斯时代的设想完全一致。看到自己努力的成果，我欣喜若狂，而第一次向大家展示这一成果时，我的心情更为激动。

在做这项工作时，我与斯特拉斯堡市前任市长索辛先生也交上了朋友，我向他介绍了我的新设备和其他的一些发明。他竭尽全力支持我的发明，真诚地为我寻求赞助，把我的发明介绍给一些有能力进行投资的有钱人，这让我非常感动。但是，令我羞愧和失望的是，没有一个人有兴趣给我投资。我一直牢记索辛先生对我的知遇之恩，1919年7月1日前夕，我突然想起了他曾经给过我的一次"帮助"，虽然这次帮助不是金钱上的，但是我的感激之情丝毫不会减弱。

Part A
特斯拉回忆录

1870年，德国人入侵斯特拉斯堡时，市长先生收藏了一批上好的1801年生产的圣埃斯蒂菲酒。市长对我说，他认为除了我以外，没有人再配得上喝这么名贵的佳酿了。可以说，这是我前面所提到过的一生中最难以忘怀的事情之一。他总是催促我尽快回巴黎去寻求资金帮助——这也是我心心念念所想的。然而，因为各种各样的小难题，让我的工作和谈判进行得不太顺利，有时候甚至陷入绝境。

在这里，我要向读者简单讲述一下德国人的一丝不苟和"效率"，这是一件我亲身经历的趣事。我们准备在走廊上安装一盏16烛光功率[①]的白炽灯，我指定了一个安装地点，让电工铺设电线。干了一会儿，电工突然停下来不干了，说必须请示一下工程师。工程师来了之后提出了一些反对意见，但终于还是同意把灯安装在距离我指定地点两英寸之外的地方。于是，工作继续进行。过了一会儿，那位工程师又开始变得焦虑不安，他告诉我应该向质检员埃夫戴克请示一下。我们只得又把这位大人物请了过来。经过他的实地观测，又和大家讨论了一会儿，最终他决定安装位置应该往回退两英寸，也就是我原来指定的位置！但是，事情还没

[①] 烛光功率（candle power）I=dV/dS，以新烛光表示。新烛光（candela，简称cd），通称坎德拉，光度单位，以点光源为中心，半径为一公尺作球，如贯通此球面一平方公尺面积上的光束为一流明时，则此方向之光度称为一新烛光。

有结束。过了没多久，埃夫戴克又开始担忧起来，他告诉我先不要急着施工，他已经将这件事上报给了上级领导——质检督察希罗尼穆斯，我们应该等待领导的决定。

过了几天之后，这位督察才有空抽身过来。在他来到工厂之后，又讨论了两个小时，最后他决定将安装位置再挪两英寸。谢天谢地，我觉得这应该是最后一次修改了吧。然而，这位督察又返回来告诉我："冯克委员的要求很苛刻，所以必须得到他的明确批准，不然我不敢擅自让你们安装这盏白炽灯。"就这样，我们又开始为接待这位更大的大人物做准备。一大早，我们就开始打扫卫生，擦洗各种用具，隆重迎接冯克委员和他的随从的到来。冯克来了又商讨两个小时之后，突然他大喊一声："我得走了！"随后，他用手指着天花板上的一个位置，命令我把灯安装在那里。那就是我最开始选择的位置！

因为这些事情，在执行这次任务的过程中，每天都会遇到很多变化。不过，我早就下定决心，不管多烦琐也要不惜一切代价完成任务。终于，我的付出得到了回报。

1884年春天，此行的所有问题都得到妥善解决，电力设备也被德国政府正式接受，我满怀着美好的憧憬返回了巴黎。因为一位公司负责人曾经许诺，假如我能成功解决问题，就会发给我一笔奖金，而且还会根据我对发电机做出的相应改进，确定公平合

Part A
特斯拉回忆录

理的报酬，我一心盼望着那会是一大笔钱。公司总共有三位负责人，为了方便，我就分别用 A、B、C 指代。当我去找 A 要钱时，他告诉我发言权在 B 那里，而 B 又认为只有 C 可以做决定，C 则非常肯定地告诉我，只有 A 才有权实施决策。几个回合的互相推诿之后，我才意识到，所谓的报酬其实不过是一张空头支票。

之后，我试图筹集研发资金的努力也彻底失败。那时我非常失望，于是，在巴彻勒先生鼓励我到美国去为爱迪生设计新机型时，我下定决心到美国这个遍地黄金的地方去碰碰运气。但是，我差点错过了这次机会。我将自己那颇为寒酸的家当变卖了，预订了火车票，结果当我赶到火车站时，发现列车已经开动了。祸不单行，我又发现自己的钱和车票竟然也丢了，我该怎么办？大力士赫尔克里斯可以有充分的时间从容思考，可我此刻只能眼巴巴地看着火车离去，脑海里矛盾纷乱的思绪乱作一团，就像电容器中的电流疯狂振荡一样翻腾不止。

就在这关键时刻，我突然灵机一动想出了一个主意。从生活经验来看，乘船旅行比坐火车要便宜得多，只是不太舒服而已。于是，我决定带着所剩无几的随身物品——自己写的几首小诗和文章、一叠画满数学计算公式的图纸，这些计算是为了解决一个与我设计的飞行器有关的难题——搭船去纽约。这次旅途中，大部分时间我都坐在船尾，随时准备着下水去救可能会葬身鱼腹的人，而丝毫不在意自身的安全。后来，在我受到美国式的务实思想影响之后，回想起自己的这一行为，难免感到后怕，觉得自己当时的想法实在太愚蠢了。

我的一生中非常值得纪念的事情之一就是与爱迪生会面。我对这个出色的男人充满了好奇与敬意，他并不是有什么先天优势，后天也没有受过良好的科学教育，但却取得了如此巨大的成就。而我学习了十几种语言，阅读过各种文学和艺术作品，还利用最好的时光在图书馆翻阅各种资料，从牛顿定律到保罗·德·科克的小说，可以说是无所不读。然而，我一直认为自己浪费了大量宝贵的时间。但是，不久之后，我就开始认识到，那些经历或许是自己最宝贵的财富了，它让我有了丰厚的知识积淀。几周之后，因为下面这次经历，我赢得了爱迪生的信任。

"S.S. 俄勒冈号"是当时最快的客轮，因为两套照明发电机出现故障，导致它已经推迟几天不能启航。那艘轮船的上层建筑是发电机系统安装好之后才建造的，所以根本不可能把它从船舱上卸下来。故障很严重，这让爱迪生感到十分苦恼。我当天晚上就携带工具登上了"俄勒冈号"，开始进行各项修理工作。发电机的问题很严重，有好几处短路和漏电的地方。在船员的帮助下，我干了一个通宵，成功地排除了所有故障。

第二天清晨五点，我沿着第五街步行回到爱迪生工作室，正

Part A
特斯拉回忆录

好碰到准备回家休息的爱迪生、巴彻勒和其他几个人。"瞧瞧，我们的'巴黎人'不知道去哪里游荡了一夜。"爱迪生这样说。我告诉他我刚刚从"俄勒冈号"下来，并且已经把两台机器修好，他默默地看了看我，然后一声不吭地走开了。然而，因为我的耳朵很尖，在他走远之后，我听到他说："巴彻勒，他可真是一个好人。"

从此之后，我的技术得到了爱迪生的赏识，在工作中，他几乎给了我完全的自主权。在差不多一年时间里，我每天都从上午十点半一直工作到第二天凌晨五点钟，每天都如此。爱迪生对我说："我有过许多勤奋工作的助手，但你是最好的。"在这段时间，我利用短磁芯和同样的方案设计了24台不同规格的标准机型以替代旧机型。爱迪生曾向我许诺，如果我完成这个任务，他将提供给我5万美元的奖励。然而，事实证明，他纯粹只是在耍我罢了。对此，我感到非常痛苦和震惊，于是选择了辞职。

没过多久，一些投资商找到我，他们提议以我的名义组建一家弧光灯照明公司，我同意了。我原本以为，我那伟大的交流电机终于有机会公诸于世了。然而，当我向新同事提出这个建议的时候，却被否决了，他们说："不行，我们只想要弧光灯，并不关心你所谓的交流电设备。"1886年，我研制的弧光灯系统获得了成功，被应用到工厂和市政照明上。但是，我却被排挤出公司之外了，除了一张印刷精美但毫无实际价值的股票权证以外，我一点财产都没有得到。

  此后一段时间，我从事了一些自己不太擅长的工作，不过机会最终还是出现了。1887年4月，特斯拉电气公司正式成立，我拥有了自己的实验室和厂房。在那里，梦想实现了，我制造的交流发电机与我最初的设计完全吻合。我甚至不用去刻意改进设计，只是脑海中闪过一些新的火花时，我就原封不动地将它们移植到现实设备中，而且实际效果与我大脑中想象的完全一致。

  1888年年初，我与威斯汀豪斯电气公司签订协议，开始大规模生产我发明的交流发电机。但是，实际工作中仍然存在很多困难需要克服。当时威斯汀豪斯公司的专家为了获得变电优势，使用的是133周[①]电流，这不适合我的感应电机，因为我的系统是基于低频电流设计的。而他们不愿意放弃自己的标准设备，所以，我必须努力改变我的发电机，来适应他们的具体要求。除此之外，我还有一项很艰难的任务要完成，就是设计出一种新机型，利用两根电线在这种新频率下有效工作。

  好在，到了1889年年底，我已经完成了在匹兹堡的任务。我回到纽约，继续在格兰街的实验室进行实验，马上投入到高频机的研发设计中。因为这是一个无人涉足的领域，设备构架是一个

[①] 周：每秒钟周期性变动次数的计量，后国际单位命名为"赫兹"。

Part A
特斯拉回忆录

完全崭新而又新奇的课题,因此我也遇到了很多难题。

正弦波对共振作用是极其重要的,因为担心感应发电机不能产生理想的正弦波,所以我放弃了感应发电机方案。如果不是出于这一考虑,我的工作量会大大降低。高频交流发电机还有另外一个缺点,就是速度不稳定,这可能对其实际应用带来极大限制。在我向美国电气工程师学会进行演示时,我已经注意到调谐有几次出现问题,还需要进一步调整。可是,直到很久之后,我才找到了一种方法,使这种高频交流发电机在恒定速度和极限负载条件下工作时,每一周期内的速度变化控制在极小范围内。

特斯拉于1888年设计的最早的电动机

特斯拉传
NIKOLA TESLA'S BIOGRAPHY

出于其他更多方面的考虑，我觉得应该设计一种简单的装置，来产生电流振荡。早在1856年，开尔文男爵就提出了电容放电理论，但可惜的是，这么重要的发现却未能实现工业化应用。我发现了它的潜在应用价值，于是开始利用这一原理研发感应式交流电机。我的研发过程进展神速，在1891年的一次讲演中，我就利用一只线圈制造了5英寸长的放电火花。在那个演示现场，我坦白地告诉在场的工程师们，利用我发现的这个新方法传输电力存在一个缺陷，即火花间隙损失。之后的研究也表明，任何可以被采用的介质，包括空气、液体、水银蒸汽、油液或者电子束，都会存在电损。这是自然规律，就好像机械能转换也存在类似的规律一样。我们可以从某一高度让物体垂直降落，也可以让它沿着任何曲线滑落。好在，就目前的研究来看，这一缺陷不会带来太严重的影响，这也是值得庆幸的一点，这一问题没有造成致命障碍，通过合理安排共振波，电路的输电效率可以达到85%。

自从我的发明公布以来，这一技术已经得到了广泛应用，给很多行业带来了革命性的发展，然而，它的潜力还远远没有发掘出来。1900年，我成功地制造了100英尺的强大放电电弧，并围绕球体产生了人工闪电。当时，我想起了第一次在格兰街实验室看到的微小火花，那种兴奋与激动的心情丝毫不亚于我最初发现旋转磁场时的感觉。

Part A
特斯拉回忆录

第五章
特斯拉的"世界系统"

回顾以往的人生经历，我发现影响命运的因素实在是微妙非常。要说明这一问题，我少年时期的一次经历可作例证。

某年冬季的一天，我计划和朋友们一起去爬一座陡峭的高山。虽然山上的积雪还很深，但是当时刮着温和的南风，天气非常适合爬山。我们一边爬一边玩着"投雪球"游戏取乐，雪球被投出去之后会往下滚动一段距离，而且会多少沾上一点儿雪，游戏以雪球滚动的距离远近判断胜负。突然，一个雪球越滚越大，跟一所房子一样大，以雷霆万钧之势滚入山谷，伴随着巨大的轰鸣声，整个大地都开始颤抖。我看得目瞪口呆，完全想不通这究竟是怎么回事。

几星期以后，我看到了报纸上刊载的雪崩图片，忍不住思考那么小的雪球是如何变得如此巨大的！从那以后，我开始着迷于如何将微弱力量放大这一问题。几年后，我着手进行机械和电气共振试验与研究时，从一开始就充满了浓厚的兴趣，应该与此有着直接的关系。如果没有少年时那次雪崩给我留下的深刻印象，我可能就不会对线圈中出现的微小火花进行刨根问底式的研究，那么也就不可能出现我最伟大的发明了。关于这段经历，我后面会讲到。

有人曾经问我最引以为豪的发明是什么？其实这个问题仁者见仁、智者见智。有很多专业技术人员，非常擅长处理自己专业领域方面的问题，但是思想太过迂腐，目光也过于短浅。他们断定，我给世界留下的只有感应电动机，除此之外，没有任何其他的有实际价值的东西。这个想法是错误的，而且是极其严重的错误。一个新理念的价值，绝对不能以当时的直接效果作为判断依据。我的交流发电与传输系统出现的时机非常合时宜，为长久以来亟待解决的工业发展问题提供了便利。虽然还需要克服相当多的阻力，协调好各方面的利益，但是就像很多发明一样，商业推广已经势在必行，刻不容缓。这种情况与我发明涡轮机之后的经

Part A
特斯拉回忆录

历十分相似。

有人可能简单地认为,我的发明既简单大方又实用美观,具有理想发电机的众多优秀特征,应该马上推广投入使用。这次的发明和我前面的经历很相似,也遇到了不少困难和波折。但是,旋转磁场不同,它的预期效应不但不会淘汰已有的设备,恰恰相反,还会给这些设备提供新的使用价值。这个系统既适用于新企业,又可以促进老企业设备的更新换代。我的涡轮机以崭新的面貌大大推动了世界的发展。假如认为这种新设备的成功,意味着要抛弃已经投入几百亿美元购置的原始机型,这种观点是极端错误的。正是因为有这种错误的思想,它的推广和发展必然受阻,也许最大的障碍就来自某些心存偏见的专家有意的阻挠。

就在前些天,发生了一件令我非常沮丧的事情。我有一位朋友叫查尔斯·斯科特,一天他来到我的办公室。他曾经是我的助手,现在是耶鲁

天才发明家尼古拉·特斯拉

大学电子工程系的教授。我们已经很长时间没有见面了，我很想和他畅聊一番。不一会儿，话题扯到了我发明的涡轮机上，我有点抑制不住激动的情绪。"斯科特，我的涡轮机将让世界上所有的热力发电机成为废铜烂铁。"我大声地说道，仿佛看到了辉煌的未来。斯科特用手抚摸着下巴，若有所思地把脸转了过去，仿佛在心里盘算着什么。"那废铜烂铁将会堆积如山。"他说完后，一声不吭就转身离开了！

其实，我的很多发明，都是在现有技术基础上做了某些方面的改进而已。在改进这些设备或技术的过程中，我并没有考虑任何更加长远的需求，只是在自己与生俱来的本能的推动下，对已有设备或技术进行改造。但是，我对于"放大发射机"的研究持续了很多年，这项发明主要是为了解决人类的长远需求，而不仅仅是为了促进当下的工业发展。

我还记得，在1890年11月，我进行了一项最特别、最壮观的试验，《科学》杂志对其做了特别报道。在研究高频电流现象的过程中，我很兴奋地发现，一定空间内足够强度的电场可以点亮无极真空管。然后，为了验证这一理论，我们增加了一台变压器，并在第一次测试中就获得了巨大成功。在当时，我们很难评估这些奇怪现象的意义究竟有多大。人们总是渴望追求新的轰动效应，但是不久之后便会淡漠。昨天的奇迹在今天的人们看来，就会是

Part A
特斯拉回忆录

一种十分寻常的现象。当我的无极真空管第一次公开亮相时，人们简直惊呆了，神情错愕到难以描述。我收到了无数言辞恳切的邀请函，它们像雪花一般朝我涌来，此外还收到无数的荣誉证书和其他难以抵挡的诱惑，但是我都一一拒绝了。

1892年，实在推脱不开了，我才来到伦敦，在英国电气工程师学会做了一次演讲。演讲结束之后，我本来打算立即赶往巴黎再进行一次类似的演讲，詹姆士·德瓦尔爵士却恳切邀请我到皇家学会作报告。我本是一个意志坚定的人，但是经不起这位伟大的苏格兰人的强拉硬拽。他把我推到一把椅子上坐下，给我倒了半杯妙不可言的褐色饮料。那种饮料泛出美丽的五彩斑斓的光芒，品尝起来如琼浆玉液一样。詹姆士说道："你现在坐的是法拉第曾经坐过的椅子，喝的是他爱喝的威士忌。"（我对此并不十分感兴趣，因为我已经不喜欢烈酒了）就这样，我被他说服了。第二天晚上，我在皇家学会做了演讲，演讲结束时，雷利勋爵向听众们致辞，他的慷慨陈词给我带来了极大的动力。

我紧接着从伦敦"逃"到了巴黎，为了躲避人们的追捧，又从巴黎返回了家乡。在家乡的那段时间，我又经受了巨大的痛苦和疾病的折磨。在身体恢复之后，我又马上制订计划，继续在美国的研究工作。杰出的物理学家雷利勋爵称赞我说"拥有卓越的发明天赋"，而在此之前，我从来没有意识到这一点。如果的确如他所言，我有发明的天赋，那我应该把精力集中在一些重大的研究项目上。

一天，我正在山中漫步，眼看着暴风雨即将来临，我到处寻找可以避雨的地方。天空中乌云密布，然而却迟迟不见下雨。突然，一道猝不及防的闪电在空中划过，紧接着，倾盆大雨从天而降。这种情景让我陷入了深思。很明显，闪电和倾盆大雨这两种现象之间存在着紧密的联系，或者更确切地说，是互为因果的关系。经过一阵思索之后，我终于得出一个结论，降水过程中蕴含着令人难以想象的巨大电能，而闪电的作用完全就像一个释放这种巨大能量的触发器。

这一认识有可能会带来一项极为伟大的发明。假如我们能够制造出某种特定质量的电能效应，那么我们生活的这个地球和地球上所有生物的生存条件就会发生根本性的改变。阳光使海水蒸发，风力又将水蒸气吹送到遥远的地方，并让水在那里保持着一种微妙的平衡。如果我们有办法在需要的时间和地点打乱这种平衡状态，那么这种宝贵的维持生命的能量就能根据我们的意愿被我们自由控制。这样，我们就可以灌溉干旱的沙漠，人为地创造河流和湖泊，提供无穷的动力。对于我们来说，这是利用太阳能量的最为有效的方法。要想成功做到这一点的关键在于，我们是否有能力制造出如大自然中的闪电那样强大的电力。

Part A
特斯拉回忆录

这看起来是一项希望渺茫的计划，但我下定决心要努力尝试一下。1892年夏天，在英格兰沃特福德短暂会见了朋友之后，我马上返回了美国，开始投入工作。这个项目让我充满了浓厚的兴趣，因为要想成功地进行电力无线输送，就必须找到这类办法。

在1893年的春天，我取得了第一个可喜的成就。利用我的圆锥形线圈，我成功制造出了100万伏电压，我认为这是产生闪电所需要的电压。我的这项研究进展一直很顺利，不幸的是，1895年，我的实验室发生了火灾，所有的成果毁于一旦。当年4月份的《世纪杂志》刊载了T.C.马丁的一篇文章，读者可以从中了解到当时的情景。这场火灾从许多方面都给我带来了惨重的损失，我花了大半年的时间来重新规划和重建实验室。不管怎样，实验室修好之后，我马上就继续投入了工作。

虽然我知道，可以用大尺寸设备来获得更高的电动势，但我的直觉告诉我，要想达到这一目标，还可以通过适当改良一个体积相对较小、结构更加紧凑的变压器进行。在使用平螺旋绕组次级线圈进行实验时，正如我在专利中所说的那样，并没有出现电子束，这让我十分震惊。很快，我就发现，原来造成这一现象的原因是线圈匝的位置及匝与匝之间的相互作用。基于这一发现，我重新使用了直径较大的高压导体，保证匝间距充分抑制分布电容，同时尽可能防止任何位置出现电荷过分堆积。通过运用这一原理，我得到了上亿伏的电压，这是在保证安全的前提下所能获得电压的极限值。1898年11月份的《电气评论》杂志刊登了一张我在休斯敦街实验室制造的发射器照片。

后来，我必须把试验放在户外开阔空间。1899年春，在完成无线装置制造准备工作之后，我去了科罗拉多，待了一年多的时间。在那里，我又改进和完善了设备，让它可以根据需要产生任意强度的电流。1900年6月，我在《世纪杂志》刊登了一篇文章——《关于不断增加的人类能量的问题》。对我在科罗拉多所做的试验感兴趣的读者，可以参考这篇文章。

为了让读者能够有比较清晰的认识，我要详细介绍一下我的放大变压器。首先，它是一种共振变压器，有一个次级电路。次级电路中的元件具有很高的电流，它们面积很大，沿着理想的、曲率半径极大的包络面依次排列，相互之间保持适当的距离，从而可以保证任何地方都具有很小的表面电荷密度。这样，即使导体处于裸露状态，也不会发生漏电现象。这个放大变压器适用于任何频率，从每秒几周到每秒上万周，可以用于生产电流量极大而电压较小的电流，或者电流强度较小而电动势极大的电流。电压的最大限度完全取决于充电元件所在的表面曲率以及元件的面积。根据我以往的经验来看，能够产生

Part A
特斯拉回忆录

的电压是没有限制的,任何量级都可以实现。从另一方面来看,我们可以通过天线获得数千安培的电流。只需要一个尺寸适中的设备,就可以实现这一目的。从理论上来讲,一台直径小于 90 英尺的终端设备就足以获得这一量级的电动势。与此相对应的,在正常频率下,直径不超过 30 英尺的天线便能获得 2000~4000 安培的电流。也就是说,在阻尼因子很小、性能得到改善的电容器中可以储存大量电荷,这种无线发射器中的电磁波辐射就会很小,与整体能量相比完全可以忽略不计。这样一种电路,可以用任何一种脉冲甚至包括低频脉冲来激发,而且能够像交流发电机一样产生正弦连续振荡。但是,退一万步来说,这种无线发射器又是一个共振变压器,这种变压器除了具有这些特性之外,还能精确地进行调整以适应地球的电常数和电学特性。通过这一设计,就能极为高效、便捷地实现电力的无线输送。这样一来,距离就彻底消除了,被传输的脉冲强度也不会减弱。根据一项精确的数学定律,增加到发射平面的距离,作用强度也会随之增加。

这项发明是我无线传输"世界系统"系列发明中的一项,1900 年返回纽约后,我就开始了对它的商业化运作。在一份技术陈述中,我清晰地列出了我公司的近期目标。现摘录一部分如下:"世界系统",是发明者本人经过长期的持续研究和试验,获得的几项创新性发现的综合成果。这个系统不仅可以通过无线传输方式，即时精准地将任何类型的信号、信息、文字传递到世界的任何一个角落，而且可以在仅凭现有设备的情况下，实现现有的电报、电话以及其他信号站点之间的互通互联。举个例子，当地的一个电话用户可以通过它呼叫地球上的任何一位电话用户。用户可以在陆地或者海洋上的任何地方接听全世界各地的讲演或者音乐会，而使用成本却不会高于手表的接收器。

举这些实例的目的，是为了让读者了解这项伟大科学发现的巨大应用前景，它彻底消除了距离的限制，人们只需要通过一根电线，就可以让地球这个完美的天然导体发挥它的用武之地。

这一系统最伟大之处在于，任何一个可以通过一根或多根电线操作的设备（显然，电线的距离是有限的），只要不超过地球的物理空间限制，不需要任何人工导体，都可以成功地发动起来。因此，通过这种理想的传输方法，不仅可以使商业活动获得崭新的发展空间，传统应用也可以得到巨大的改进和提高。以下几项重要发明和发现是开发利用"世界系统"的基础：

1. 特斯拉变压器：这个装置的出现给电磁振动领域带来了革命性变化，具有划时代的价值，其重要意义可以与火药对于战争的影响相媲美。利用这一装置，发明家可以制造出的电流比用普通技术手段制造出的强很多倍，它还能产生一百多英尺的火花这

Part A
特斯拉回忆录

一瑰丽场面。

2. 放大发射机：这是一种特殊的变压器，为激发地球电磁场而创造的。这种变压器用于电能传输，其传输距离必须使用天文级望远镜才能看到，这是特斯拉最满意的发明。通过使用这种神奇的装置，特斯拉本人已经成功地取得了一种电力效

尼古拉建造的第一座无线传输实验站

应，这个效应获得的电压强度超过了闪电，通过的电流足以点亮环绕球体的200盏白炽灯。

3. 特斯拉无线系统：该系统包含一系列新技术，是唯一通过无线手段和低廉的经济成本来远距离输送电能的方法。特斯拉在科罗拉多建立了试验站，经过仔细研究和精密测算证明，该系统可以传输任何规模的能量，而能量损失不会超过百分之几。

4. 个性化艺术：特斯拉的这项发明相对于原始调谐而言，就

好像精美华丽的辞藻之于含混不清的表达那样出色。它实现了信号或报文传输的绝对保密性，信号传输者和接收者的绝对排他性。换句话说，信息传输人发出的信号可以不受任何干扰，也不可能被其他人干扰。每一个信号都像一个身份绝对明确的个人，多个信号站和设备数量可以同时工作，而信号不受丝毫干扰。

5. 陆地驻波：通俗一点儿来说，这个伟大的发现，就是地球会对有限波长的电力振动做出反应，这个道理跟音叉对音波做出反应是同样的。这些电力震动强度很大，足以激发地球的电磁场，这在商业和很多其他领域里都有重要作用。"第一世界系统"电站可以在9个月内投入使用。通过这个电站，我们可以获得1000万马力的功率，然后以非常低廉的成本为无数技术活动提供服务，包括：

（1）在全球范围内的电报交换机或交换站之间实现互联互通；

（2）建立一个保密的、不受干扰的政府电报服务系统；

（3）在全球范围内的电话局和电话站之间实现互联互通；

（4）利用电报或电话与新闻界连接，实现一般性新闻的广泛传播；

（5）用"世界系统"的原理建立私人专用的信息传递业务；

（6）世界所有股票报价系统的互联与操作；

（7）建立音乐广播等用途的"世界系统"；

Part A
特斯拉回忆录

（8）利用成本低廉的普通时钟，在不需要特别管理的前提下实现天文级精度时间的显示；

（9）能够在世界范围内传递打印或手写字符、信件或支票等文件；

（10）建立全球航海服务系统，使船只在没有指南针的条件下也能准确把握航向、定位船只位置、测定船只的时间和速度等，避免撞船或灾难的发生；

（11）初步建立世界范围内的印刷系统；

（12）在全世界复制、传送各种照片、图像或记录。

我曾经提议在小范围内演示无线电力传输技术，并取得了令人信服的效果。除此之外，我的发明在其他方面也有着极大的应用价值。如果可能，在将来某个合适的时间，我将进一步加以介绍。

我们在长岛建了一座发电站，塔高 187 英尺，塔顶上有一个直径 68 英尺的球形框架。这些尺寸对各种级别的能量输送都适用。起初，我们只使用了 200 千瓦到 300 千瓦的功率，以后逐渐增大到几千千瓦。这个发射机将发射具有特殊性质的电磁波，我已经发明了一种特殊的方法，通过电话能控制任何形式的能量活动。两年前（1917 年），这座试验塔被破坏了，但是我的研究项目还在继续，另一座经过改进的试验塔即将建成。

特斯拉在纽约长岛建造的沃登克里弗塔

在这里，我希望澄清一个事实。此前有一个谣言广泛流传，说我的试验塔之所以被拆毁，是因为政府出于备战的考虑。这一谣言会进一步加深某些人头脑中的偏见，他们不知道 30 年来，政府授予我的美国公民文件一直都锁在保险柜里。还有，政府为我颁发的嘉奖令、荣誉证书、学位、金质奖章和其他荣誉证明也被我锁在旧箱子里。假如这个谣言是真的，我将会获得一笔巨额赔偿，因为为了建造这座试验塔我投入了大量资金。

事实恰恰相反，保护好这座试验塔能更好地维护政府的利益。仅举一例来说明它的重要价值：通过它，政府可以精确定位潜艇。政府一直以来都在利用我的设备、服务和所有发明。欧洲战争（第一次世界大战）爆发以来，为了国家利益，我暂时搁置了对这一项目的研究，全身心地投入到了航空导航、轮船动力、无线传输等工作中，所有这些发明对于美国来说都是至关重要的。消

Part A
特斯拉回忆录

息灵通的人士都知道，我的发明给美国众多行业带来了革命性的发展。就这一方面而言，还没有哪一位发明家能够像我一样如此幸运，特别是我的发明成果在美国国防事业中获得了十分广泛的应用。

在此之前，我一直努力克制自己，不希望在这一问题上发表任何意见。我认为，当整个世界都面临着严重的危机时，如果还过分关注个人利益，是非常不合适的。对于针对我的漫天谣言，我还想再多说两句。

有人谣传，约翰·摩根先生帮助了很多别的专家，但对资助我的研究活动并不感兴趣。而实际上，他对我的所有资助承诺都非常慷慨地履行了。在这种情况之下，如果还对他提出更多要求，我认为是太不合情理的。摩根先生对我的发明成果表现出了极大的尊重，对我计划中的发明项目也表现出了绝对的信任。那些思想狭隘、充满嫉妒心的人绝对阻碍不了我的工作，他们的阴谋也绝对不会得逞。我非常厌恶这些人，他们就好像那些导致可怕疾病的细菌一样。真正阻碍我研究的是自然规律，当前的这个世界还没有准备好接受它。它远远超过了这个时代，但是自然法则是无法阻挡的，它终将获胜，我的项目将获得最终的成功。

第六章
"宇宙"与未来

在我从事的所有研究项目中,以放大发射机为基础的系统耗费了我最多的精力。我为了它绞尽脑汁,我的每一根细微脑神经都处于高度紧绷的状态。我把自己全部的精力和体力都投入到了旋转磁场的研究与开发工作中了,早期的工作性质与现在有所不同,那时的工作虽然也非常辛苦,但跟解决无线传输时的难题不一样,不需要进行大量既细致又费神的观察与思考。

尽管那时我的身体素质极好,有着超强的耐力,然而因为过度疲劳,就在这份漫长而又艰苦的工作初见曙光之时,我的神经

Part A
特斯拉回忆录

系统开始罢工,精神完全崩溃了。好在上天赐予了我一个安全防护系统,这个系统在接下来几年变得越来越强大,只要我的创造力即将消耗殆尽,它便会马上自动开启。如果不是这样,我必定会遭受更大的痛苦,而我的发明事业也很可能会夭折。我之所以没有像其他发明家那样,因为过度疲劳而陷入危险,完全归功于这个安全防护系统的正常运转。除此之外,我的发明能力绝对不会枯竭,我也不需要像大多数人那样必须定期休假。大多数白种人都饱受失眠的折磨,而我则是个例外,我完全能够像黑人那样,晚上一躺下便酣然入睡。

我的身体可能逐渐积累了一定数量的"毒素",因此,在思考新的理论时,我就会进入一种沉沉入睡的状态,但是也就持续仅仅半个小时的样子。醒过来之后,我会觉得刚刚过去的事情似乎是很久以前发生的,我不能继续刚才的思考,如果强行继续的话,就会感到头晕恶心。虽然心有不甘,但我不得不转而思考其他工作。令我吃惊的是,这时候思路马上变得清晰起来,可以非常轻松地解决以前遇到的难题。这样,几周或者几个月之后,我重新思考原来暂时放弃的研究项目,几乎可以毫不费力地解决以前所有困扰我的难题。对于这个现象,我想讲一段特殊的经历,这段经历心理学家可能会感兴趣。

我曾经利用地面发射机观察到一个非常令人吃惊的现象,我尽力想搞清楚这种现象与地下电流之间是否存在什么关系。看起来这似乎是一项很难完成的工作,有整整一年多的时间,我一直坚持不懈地进行分析研究,却没有丝毫进展。我被这个艰深的问题深深吸引住了,对任何其他事情变得漠不关心,也没有意识到我的身体已经出现了问题。最后,我完全支持不住了,我的身体开始进入保护性睡眠状态。

在我重新恢复思考能力以后,我惊讶地发现,我把过去的事情都忘记了,只能回想起幼年时期的情景,也就是我刚刚懂事时的一些事情。令人奇怪的是,这些记忆是那么清晰,让我混乱的思路彻底放松了下来。

接下来那段时间,每天晚上入睡前我都不断地思考,过去经历的事情也一点点地想起来了。就这样,我慢慢恢复了记忆。我母亲的形象始终是其中的主角,并且在我脑海中变得越来越清晰,我开始越来越强烈地渴望见到她。这种渴望如此强烈,我不得不决定放弃所有工作,来了却自己这桩心愿。但是,离开实验室对我而言是一件非常痛苦的事情。在接下来的几个月时间里,我回想了1892年春天以前所有的生活经历。后来,在这种信马由缰式的幻想中,我看到自己出现在巴黎和平大酒店。因为大脑长时间处于极度紧张状态,我再次进入了自己特有的睡眠放松状态,就在这一刻,我看到了如下这一幕。我发现,有人递给我一封加急

Part A
特斯拉回忆录

的信,带来了我母亲快要去世的噩耗,我感到万分悲痛。我马不停蹄地踏上了返家的旅程。经过几个星期的痛苦煎熬,母亲去世了。

让我感到非常奇怪的是,在重新回忆了这些模糊的经历之后,我的头脑变得异常清晰,所有的研究问题也迎刃而解。我能够准确地回忆出试验过程中出现的细枝末节和一些无关紧要的现象,甚至还能整页整页地背出书的内容和复杂的数学公式。

特斯拉的雕像

我深信,在发明过程中存在一种思考补偿机制,即真实的回报与付出的劳动和所做的牺牲是成正比的。我之所以会对自己所有的发明特别自信,这是其中一个很重要的原因,我认为,放大发射机会是最伟大的一项发明,将给后人带来不可估量的价值。我这样想的原因,并不是认为它一定可以引发商业和工业革命,而是认为它可以在诸多方面让人类获得更大的成就。

推动更高层次的文明进步与单纯的应用价值相比要重要得多。

人类所面临的问题是不可能仅仅通过物质文明的改善得到解决的，即便以后物质文明极大丰富也不行。与之相对，人类文明的发展进程中充满了更多危险和障碍，这些比物质贫乏和贫穷引发的问题还要严重。假如我们能够将原子的能量释放出来，或者在地球的某个地方以某种方式开发出成本更加低廉而且可以无限量供应的能量，在我看来，这并不是一件值得庆幸的事情，反倒可能引发冲突和战乱，为人类带来灾难，最终导致反动力量登上统治地位。

我一向认为，技术创新的伟大之处在于其促进人类团结与和谐的美好愿望，我的无线电发射器就是这样一个典型例证。通过它，人类的语音及其他声音可以在地球上任何地方被还原出来，工厂需要的能量来自数千英里之外的水电站，空中机械可以毫不停歇地围绕地球飞行，人们可以利用太阳的能量创造湖泊与河流，灌溉干旱的沙漠，将其改造成肥沃的农田。它还可以促成电报、电话以及类似设备的出现，将必然消除静力学和所有其他干扰，这些干扰目前严重限制了无线电技术的发展。这是一个亟待解决的问题，寥寥数语不足以展开充分阐述。

在过去的10年中，曾经有不少人大胆地宣称，他们已经成功地解决了这一难题。其实，他们所描述的内容或者试验方法，早

Part A
特斯拉回忆录

在他们公布自己的发现以前,我就认真研究过了,结果发现,没有一个是行得通的。近来,美国海军发表的官方声明或许能给那些头脑发热的新闻编辑上一课,让他们清楚,应该如何客观地报道这些所谓的科学发现。通常而言,这些人所依仗的理论基础都是靠不住的,因此每当我看到这些所谓的科学发现时,都会一笑置之。最近,又有一个工程师抛出了一个新的发现,媒体大肆造势,宣传可谓不遗余力,结果证明又是一出虎头蛇尾的闹剧。

这让我想起了几年前发生的一件趣事,那时我正利用高频电流做试验。当时,史蒂夫·布罗迪刚刚跳下了布鲁克林大桥。此事的第一次新闻报道轰动了整个纽约市,后来这次壮举因很多人模仿而变得庸俗化。这件事给我留下了非常深刻的印象。

在一个炎热的下午,我打算出去放松一下。于是,来到这座大城市三万个著名机构中的一个,点了一份20%酒精含量的可口饮料。不过,这种饮料现在只有去欧洲某个十分贫穷落后的国家才能找到。那里的人非常多,但是对我而言都是陌生人。当时,人们正在讨论一个问题,我很随意地插了一句话:"这就是我从桥上跳下去时所说的话。"这句话刚刚出口,在场的人都惊呆了,我感觉自己就像席勒诗中的提摩太面对无数追随者一样。就在这一瞬间,场面一片混乱,十几个人高声叫道:"他是布罗迪!"我马上掏出一枚25美分的硬币扔在柜台上,然后迅速冲出门口。但是，人群已经向我扑来，大喊着："拦住他，他是史蒂夫！"

这绝对是一场闹剧，就在我发疯般地逃跑时，还有很多人试图将我拦住。我拼命跑向消防通道，转了几个弯，终于回到了实验室。接着，我脱掉外衣，像个铁匠一样热火朝天地干起活来。后来证明这些担心都是多余的，那些追踪者早已被我甩得远远的了。

之后很多年，每当我晚上思绪飘荡时，那天的小插曲总像幽灵一样挥之不去。我时常想，假如那天我被抓住了，他们发现我并不是史蒂夫·布罗迪，我将面临怎样的命运？

就在最近，一位工程师在一个学术团体中发表演讲，宣称自己根据一个"迄今无人所知的原理"，找到了一个处理静电学的新方案。他公开说，静电干扰以上下方式纵向传播，而发射器的电流则沿着地面横向传播。在我眼中，他的行为就和我声称自己是布罗迪一样疯狂。按照他的观点，由大气层包裹的地球是一个巨大的电容器，既可以充电又可以放电，但这种作用方式是与每一本基础物理教科书中所讲的基本原理相矛盾的。

这种假定即便是在富兰克林生活的年代也会被人们视为一种谬论，事实已经充分证明，大气层中的电流和机器产生的电流是完全一样的。而且，很明显，自然电流和人工电流的传播方式，

Part A
特斯拉回忆录

无论是在地下还是在空中都是完全相同的,在水平方向和垂直方向都会形成电动势。就凭以前的方法,电磁干扰是不可能避免的。实际上,在空气中,电势以每英尺 50 伏左右的幅度增加。因此,天线顶端和底端之间存在着二万伏甚至四万伏的电压差。带电气团一直处于运动状态,向导体释放电量,这种释放是随机的,而不是连续的。所以,这种现象就会导致在比较敏感的电话接收机中产生摩擦噪音。传导终端的位置越高,电线穿过的空间越大,噪音就越明显。但是,我们必须认识到,这种现象均只存在于局部,而不会对整个系统造成麻烦。

1900 年,我不断改进自己的无线电系统,一个安装了 4 根天线的设备。我对天线进行了认真校准,将它们调到相同的频率,并相互连接起来,确保无论从哪个方向接收到的信号都能被放大。当我需要确定被传输脉冲的来源时,就把每一对成对角线布置的天线按先后次序连接,利用一个初级线圈激发检测回路。第一种情况下,电话会有噪音;第二种情况下,正如预想的一样,噪音消失了——两个天线起到了抵消作用。但是,实际上,静电在两种情况下都会起作用,我必须设计出具体结构来体现不同的原理。我很早以前就提到过,通过将接收机连接到地上的两点,就能避免现有结构中由带电空气导致的严重问题。而且,因为电路的方向性,所有干扰强度都降低了大约一半。

这个道理其实非常简单，但是对于一些头脑简单的无线电从业人员而言，还是具有一定的启发作用的，这些人的知识仅仅局限于某些装置的外部结构，他们认为用把斧子就能改进装置的效果。他们面对问题时的处理方式有点儿混乱，往往还没有杀死狗熊，就已经开始处理它的皮了。假如是因为天线干扰而导致了这些异常现象，那么就可以用无天线接收方式来消除这一问题。但是，基于这个考虑，埋在地下的电线必须绝对绝缘，而实际上，它对某些外部脉冲的敏感程度甚至比暴露在空气中的天线更大。客观来讲，还是可以改进的，只是并非通过改进方法或者装置来实现。只要不采用各种复杂的结构——这种结构传输效果很差，完全不适合接收信号，而是找到一个更合适的接收装置，就完全能够起到这种效果。正如我前面已经提到过的，要想解决这个问题，必须进行彻底改造，而且是越快越好。

事实上，如果在研究的初级阶段，大部分人，包括专家在内，对于某个发明最终的可行性还没有明确认识的前提下，立法机构就匆忙通过决议，由政府大包大揽过去，将会产生灾难性后果。这是几周前丹尼尔斯部长提出的建议，很明显这位高官已经迫不及待地向参议院和众议院提出议案了。然而，无数事实证明，最优秀的研究成果都是在健康的商业竞争环境下取得的。

除此之外，为何应该给予无线电技术最大的自由发展空间，

Part A
特斯拉回忆录

还有其他原因。首先，它带来的影响比人类有史以来的任何其他发明和发现的影响都更难以估量，能大大改善人类的生活质量。其次，人们必须清楚知道，这一伟大技术完全是在美国发明的，可以称之为"美国制造"，所以与电话、白炽灯泡或飞机不同，关于这项发明，美国应该拥有更多的知识产权和专利权。

富有进取心的出版商和证券交易商非常喜欢并擅长利用虚假信息的传播，就算是《科学美国人》这样的著名杂志也倾向于将主要功劳加到外国人身上。当然，德国人确实首创了赫兹波，俄罗斯人、英国人、法国人、意大利人很快将它应用到了信号控制上。但是，这显然只是对一种新介质的应用，还是通过原有的、未经改进的感应线圈实现的，根本不是一种新型的反光通信法。其传输半径十分有限，产生的价值也有限。其实可以用声波替代传输信息的赫兹振荡技术，这样反而会有更好的效果，我在1891年就提出了这一观点。除此之外，所有的这些尝试都是在无线系统基本原理提出3年以后进行的，在美国，其应用方法也早已有了清晰的描述和研究。

然而，现在这些基于赫兹理论的应用和方法均已销声匿迹了。我们的发明则反其道而行之，我们所获得的成果是美国人民智慧和辛勤劳动的结晶。原始专利保护期已满，任何人都可以利用它进行发明创造。这位部长的主要论点是建立在干涉理论基础上的。

1900年，我所做的试验已经证明了这一点，因此，美国根本没有必要在这方面采取任何限制。

我想给大家讲一件最近发生的故事，来说明这个问题。有一天，一位容貌奇特的先生来拜访我，希望我能参加在一个偏远地区建设世界放大发射机的工作。他说："我们没有资金，但是我们有车辆装不完的黄金，你的工作会得到丰厚的报酬。"我跟他说，我希望先完成我在美国的发明项目，于是这次会面就这样无疾而终了。但是，我还是很满意，因为我知道还有一些神秘人物在从事类似的工作。随着通讯时间的推移，维持持续通讯将变得越来越困难。唯一的补救方法就是建立一个不受干扰的系统。而这个系统已经存在并得到完善，现在唯一需要做的，就是将它应用到实践中去。

人们最关心的事情仍然是战争的冲突，而在这方面，放大发射机或许能体现其价值，可以作为一种进攻或者防守的武器，具体来说，它也许能与远程自动控制机配合使用。这项发明是经过我一系列观察得出的结果，从儿童时期我就开始思考，这个思考贯穿了我的一生。当我的第一批研究成果发表之后，《电气评论》杂志发表社论称："这将是人类文明发展最强大的推动力量。"距离这一预言的彻底实现不会太遥远了。1898年和1900年，我向政府提出了这项提议，如果我是精于人情之道的人，这项提议或

Part A
特斯拉回忆录

许早已通过。

那时,我真的认为这一技术的使用可以消灭战争,因为这一技术带来的杀伤力是毁灭性的,而且不需要人的参与。尽管我现在仍然相信它的发展潜力巨大,但是我的观点已经发生了改变。如果不能消除引发战争的自然原因,那么战争永远无法避免。这个自然原因,究其根本,就是我们生活的地球的空间。只有从各个方面消除了距离问题,例如,如果我们能够解决信息传递、旅客运输、能源供应与传输等问题,就能确保人类的永久友谊与和平。现在,我们急需做的是加强世界各国和人民的交流,加深彼此了解,消灭种族中心主义和民族冲突等狂热思想,这些狂热的思想往往让世界陷入原始的野蛮状态和相互厮杀之中,任何同盟条约和议会法案都不可能阻止这种灾难的发生。而这些杀伤力巨大的新设备只能进一步将弱者置于强者的淫威之下。

早在 14 年以前,我就表达过这样的观点。当时,几个有影响力的国家联合起来,签订条约建立了所谓的"神圣同盟"。已经去世的安德鲁·卡内基极为推崇这一观点,并极力推动这一行为,甚至可以被称为这一思想之父。如果一个国家的总统倡导某一思想,那么他的宣传和推动作用就会超过此前的任何一个人。不可否认,这些方面的工作对于一些弱势民族可能确实有益,然而这不能从根本上实现我们的核心目标。和平只可能是全世界文明发展和民族融合的自然结果，就目前来看，我们距离这一伟大理想的实现还非常遥远。

就目前世界存在的巨大冲突来说，我深信，美国政府应该坚持自己的优良传统，坚持自己所说的对上帝的信仰，避免参与任何联盟，只有这样才是对全人类福祉的最大贡献。因为独有的地理优势，美国一直远离各种激烈冲突，而且无意参与领土兼并。这个国家拥有无穷无尽的资源和崇尚自由的广大人民，它具有的优越性是世界其他国家不能相比的。基于此，它完全可以单独地利用自己强大的经济实力和道德力量为全人类谋利，这比加入任何所谓的联盟都更有效，也更明智。

在《电学实验员》（《科学与发明》杂志的前身）上发表的一篇自传性短文中，我回忆了自己的早期生活，提到过我曾经历的一种病痛，一种迫使我不断想象和自我反省的意识活动。这种意识活动最初是在病痛的压力下不知不觉出现的，但是后来慢慢发展成了我的第二个性，最终我意识到这是一种没有思想和行动的自由意志的自动行为，是对当下的环境所做出的自然而然的反应。我们的身体具有非常复杂的结构，我们有各种各样的行为方式，外界事物对我们感官的影响非常微妙，令人捉摸不透，所以要想让普通人理解这一现象有一定的难度。但是，对于一个专业的研

Part A
特斯拉回忆录

究人员来说，没有什么东西能比生命机械理论更有说服力了，300年前笛卡儿就分析并提出了这一理论的部分内容。在他生活的那个年代，我们身体的许多重要功能人们还认识不到，尤其是光的性质、眼球的结构和运动形式等，可以说，哲学家生活在一片黑暗之中。

近年来，毋庸置疑，科学研究在这些领域取得了巨大发展，在这方面，出版了多部专著。其中，最有能力和最富口才的典型代表应该是菲利克斯·勒·丹泰克，他以前做过巴斯德的助手。雅克·洛布教授通过一系列著名的向日性试验，透彻地分析了低端生物体中存在的光线控制现象，他最近出版的专著《作用力下的运动》很有启发性。虽然这一理论得到了科学研究人士的认同，然而对于我来说，这是一个千真万确的事实，因为我每一刻的行为和思想都在验证这一理论。对外部影响的认识导致了我身体和思维的各种活动，而且这种认识会一直浮现在脑海之中。只有在极其罕见的情况下，也就是精神高度集中的时候，我才发现自己会难以确定最初的动因。

绝大多数的人根本察觉不到自己内心世界的变化与外部世界存在的联系，数以百万计的人因此患病甚至死去。日常生活中发生的最常见的现象，在他们看来，也是十分神秘和难以解释的。有人可能突然感到非常伤心，但是绞尽脑汁也想不出为什么。其实，这也许只是因为一片云彩遮挡了阳光而已。有人在大街上遇见朋友，或者在某个地方看到他的照片之后，有时候会莫名其妙地出现幻觉，能真真切切地看见自己的朋友，这让他觉得非常诡异。也有人会因为领口上掉了一枚纽扣便大发雷霆，咬牙切齿地咒骂好半天，甚至因此想不起以前的事，不能找到所需要的东西。不善于观察完全是无知的表现，这直接导致了众多病态的观点和愚蠢的想法。只有不到十分之一的人不相信心灵感应和其他精神灵异现象，不相信死人的灵性和信息传递，拒绝倾听有意或无意的欺骗。

这种思想已经深深地植根于人们的脑海之中，甚至包括那些头脑特别清醒的美国人，为证明这一点，我给大家讲一件有趣的事。就在战争爆发之前，我发明的涡轮机在这座城市展出后，很多技术性刊物纷纷发表评论。我预测，为了获得这项发明的使用权，很多制造商将会展开一场激战。为此，我为自己的项目精挑细选了一位投资商，一位颇谙致富之道的底特律投资商，并为他量身定做了一套设计方案。我相信自己的判断，坚信他某一天一定会出现在我的面前，我甚至信心十足地将这一想法告诉了自己的秘书和助手。

果不其然，一个晴朗的早晨，福特汽车公司的一群工程师出现在我的眼前，要求与我商谈一个重要合作项目。"我说的没错

Part A
特斯拉回忆录

吧？"我很得意地向自己的员工炫耀道。其中一个人回答道："特斯拉先生，你简直太神了！你预测的事情无一例外都变成了现实。"在这些头脑冷静的客人落座以后，我马上向他们介绍我的涡轮机有多出色。但是，一位代表打断了我的介绍，说："这些我们都知道了，我们这次来是有另外一个特殊目的。我们组建了一个心理学研究会，专门研究人的意识现象，我们想邀请你参加这个组织。"我想，这些工程师们永远不会知道，我当时差点儿想把他们拉出我的办公室崩了。

很早以前，很多人告诉我，我拥有一颗不同寻常的脑袋，这些人都是当代最伟大的科学家和创造了不朽成就的学科领袖们。从那时起，我就专心致志地投入了研究工作，试图破解最复杂的难题。多年以来，我一直孜孜不倦地工作，试图破解死亡之谜，并密切关注任何思想灵异现象。然而，有生之年，我只短暂地经历过一次超自然事件，这件事发生在我母亲去世时。

当时，因为过度悲痛和失眠的折磨，我的身体彻底垮掉了。一天晚上，我被送进一个离家两个街区远的房屋中。我孤苦无助地躺在那里，心想，如果母亲去世时我没有守在她的身边，她也一定会给我点暗示吧。两三个月以前，我在伦敦和我已故的朋友威廉·克鲁克斯在一起。当时，我们热衷于讨论唯灵论，而且我对有关说法深信不疑。因为学生时期阅读过他写的有关放射性物质的不朽著作，我才从事了电力研究事业。我本来是一个不太容易关注别人的人，但他的观点对我影响很大。我想，此时正是窥探来世的最佳时间，因为我的母亲是一位天才人物，特别是她的知觉能力，非常出众。

那天晚上，我大脑的每一个细胞都活跃起来，满心期待能得到某种启示。但是，直到第二天早晨什么事情也没有发生。随后，我昏昏沉沉地睡过去了，或者也有可能是昏迷过去了。我看见一片云彩，上面坐着一群美丽动人的天使，其中一个很亲切地望着我，然后逐渐变成了我母亲的样子。过了一会儿，她慢慢飘过房间消失了。在一阵美妙得令人难以置信的歌声中，我醒过来了。就在这一瞬间，我心中涌现出一种难以形容的感觉，我意识到母亲去世了。我无法确切表达出这一刻我内心的巨大痛苦。那时候我的身体状况非常不好，我怀着无比悲痛的心情给威廉·克鲁克斯先生写了一封信。在我身体康复以后，我花了很长时间来分析造成这种奇怪现象的外部原因。开始几个月，一点收获都没有，好在最后我终于找到了答案，为此我感到非常欣慰。

我曾经见到过一位著名画家的作品，那幅画描绘的是在一个特定的季节里，一片云彩上托着一群天使。那片云就像真的在天空中飘浮着一样，给我留下了难以磨灭的印象。这个画面和我在

Part A
特斯拉回忆录

梦中看到的情景一模一样,不同的只是加上了我母亲的形象罢了。那时正在举行复活节祈祷活动,音乐从附近教堂的唱诗班传出来,这就科学而合理地解释了这种所谓的"灵异现象"。

这是很久以前的事情了,自此之后,我对灵异理论和灵异精神现象再也没有怀疑过。尽管我没有什么确切的根据,但我相信这种信念是智慧发展的自然结果。人们对宗教教义的理解,也不再仅局限于其传统信条的解释,每一个人都免不了要信仰某种形式的超强力量。我们每个人都必须拥有一个理想,这样才能约束自己的行为,从中获得内心的满足感。然而,这种理想必须是非物质形式的,比如某种宗教、艺术、科学或者任何别的东西,只要能起到一种非物质力量的作用即可。要想实现世界和平,让全人类拥有一个共同的信念是至关重要的。尽管我没有任何直接证据支持心理学家和唯灵论学家的想法,然而我已经以自己非常满意的方式证明了生命的无意识。这不仅得益于我对人类行为持续不断的观察,而更多的是来源于某些归纳总结。我认为,这一发现对整个人类社会具有非常重要的意义,下面我将简要介绍一下。

在我还很年轻时,我第一次知道了这个令人惊讶的真理,所以很多年来,我都把这些现象归结为巧合。换句话说,每当我或者一个与我有关系的人,以及我所从事的事业被其他人以某种特定方式伤害或破坏时——人们常常将这种情况视为最不公平的事情——我就会经历一种难以形容的痛苦。为此，我为这种经历找到了一个很合适的词——宇宙。很快，那些制造伤害或破坏的人都无一例外地遭到意外。

在经历过很多这样的事情之后，我把自己的这一发现告诉了一些朋友，使他们有机会相信我形成的一套理论。这套理论可以简单表述如下：人体的身体结构都是相似的，而且受到的外部影响也相同，所以，我们就会做出类似的反应，出现总体活动的一致性。在这个基础之上，才形成了我们这个社会所有的规则和法律。我们都是由媒介力量控制的无意识的自动结构，就像被人随意丢弃在水面上的软木塞一样，往往误将外部作用的影响当成自己自由意志的结果。我们的运动和其他活动都是为了维持生命的正常运转，尽管从表面上看，一个人与另外一个人不一样，而实际上，我们都是由一些看不见的链条联系起来的。只要机体处于维护良好的状态，它就会准确地对刺激性媒介做出反应。但当一个人出现某种精神错乱时，就意味着他的自我保护能力就遭到了破坏。

所以，我们都知道，如果一个人失聪、失明或者肢体受到损伤，他的生命也将会缩短。如果大脑存在缺陷或发生损伤，将会使人变成一个没有生命力的机器人，最终加速生命的终结。一个

Part A
特斯拉回忆录

感觉非常敏锐、观察力细致入微的人，他超强的机能完好无损，能很快地适应周围环境的变化，就会拥有极高的机械感知能力，因此，他能够躲避那些无法直接感知的危险。假如他与那些控制器官存在严重缺陷的人接触，这种高品质的机械感知能力就会开始作用，他就会感知到那种"宇宙性"的痛苦。

无数事实已经证实了这一观点，我建议其他从事自然科学研究的学生也关注一下这个课题。我认为，只要大家联合起来进行系统地研究，我们必将获得一个极其伟大的发现，这个发现将给整个世界带来难以估量的巨大价值。为了验证我的理论，我萌生了发明自动机的想法。其实这个想法我在很早以前就产生了，然而，直到1895年开始从事无线电研究时，我才开始实质性的工作。在以后的两三年间，我制造了很多遥控启动的自动装置，并在我的实验室中展出，供人们参观。到了1896年，我设计了一台能够执行多种操作的机器，不过这台机器的改进工作一直持续到1897年底。

1900年6月，我在《世纪》杂志上发表了一篇文章，对机器的结构进行了展示和说明，这篇文章被其他许多媒体转载。这一机器于1898年春首次对外展示，就引起了巨大轰动，这在我的发明生涯中史无前例。1898年11月，总审查官来到纽约，亲眼目睹了这一发明惊人的表现，决定对机器中使用的新技术授予基本专利。我还记得，后来我拜访华盛顿的一位官员，当我表示希望将我的发明转让给政府时，对方听了我的介绍以后竟然哈哈大笑起来，认为我的想法简直是天方夜谭。当时，根本没有人相信能够发明这样一种装置。比较遗憾的是，这个装置在申请专利的过程中，在律师的指导下，我表示，它的控制功能是通过单独的电路和非常普通的检测器实现的。所以，我的设计方法和构造方式一直未能得到专利的保护。实际上，我发明的装置是通过几个电路的共同作用控制的，而且排除了其他任何形式的干扰。

大多数情况下，我使用的是环形接收电路，包括电容器也是如此，因为我使用高电压发射器电离了实验室的空气，所以就算一根非常小的天线也可以连续数小时从周围的空气中吸收电量。举例来说，我发现，一个使用了很长时间的12英寸的电灯泡，如果只有一个终端并且将它连接上了一根很短的电线，要连续闪烁一千多次，才能将实验室中电离的空气电量全部耗尽。环状接收器对这种干扰不是很敏感，但奇怪的是，现在人们已经普遍接受了。实际上，它接收的能量远远低于天线或者一根长接地线，不过这个环路接收电路确实可以弥补现有无线电设备的众多缺陷。

为了更好地向观众展示我的装置，我们要求参观者提出他们

Part A
特斯拉回忆录

想问的各种问题,这个自动装置会通过信号进行回答。在当时的人们看来,这是一件了不起、非常神奇的事情。其实,原理很简单,不过就是我利用这一装置在回答他们的问题罢了。

在同一时期,我制造了另外一艘规格更高的遥控船,1919年10月,《电学实验者》刊登了它的一幅照片。这艘船是由线圈控制的,船体上绕了几圈电线。电线是完全防水的,因此可以把它放入水中。这个装置与第一个非常相似,只有几个特别之处,比如我使用了白炽灯,这样人们就能观察到装置的运转情况。这个自动装置由操作者在视线所及的范围内控制,实际上这是我构想的远程自动机相当粗糙的雏形。

接下来的改进目标就是将它的活动范围扩展到操作者的视野范围之外,拉大它到控制中心的距离。从设计之初,我就希望将它设计成一种武器,用它来代替枪炮。从媒体的评论来看,我知道,人们已经开始关注它了,虽然媒体的评论很随意。例如,有报道说这是一项非常特别的发明,但是毫无新意,等等。尽管它还不是特别完美,但确实可以具有实用价值。比如利用现有的无线设施可以控制飞机起飞,让它沿着一个大概的方向运动,并在数百英里以外执行某些任务等。这一装置还可以通过几种不同的机械方式来控制。我深信,如果爆发战争,它将大有用武之地。然而,据我所知,目前的技术还不能实现非常精确的控制。我对此进行了很多年的研究，也找到了一些解决方法，为将来制造这类神奇的装置和更加先进的设备奠定基础。

我在前面已经提到过，当我还在大学上学时，曾经构想过一种飞行装置，它与现有的飞机有很大差别。其基本原理很好，然而因为缺少一种极大功率的发动机而未能实现。近年来，我已经成功地解决了这一难题，我正在研究一种"没有机翼，没有副翼，没有螺旋桨，没有其他外部装置的飞机"。它的飞行速度极高，很有可能在不久的将来为人类和平做出巨大的贡献。这种飞机完全通过反作用来实现续航和驱动，使其既可以通过机械方式又可以通过无线方式来操控。在安装一定的装置之后，它就可以将这种导弹发射到空中，然后非常精确地击中数千英里之外的预定目标。

但是，我们的研发工作不会就此止步。远程自动机的开发潜力是无穷的，下一步的研发可以让它们具备智能性，这种远程自动机的出现将引发一场新的革命。早在1898年，我就曾给一家大型制造企业的代表提建议，让他们建造一种自动运载装置，它可以自行进行大量操作，包括智能判断的动作等。然而，他们认为我的想法太过荒诞，所以根本没有采取任何行动。

现在，很多有识人士正在努力想各种办法，试图防止理论上已经结束的冲突再次发生。事实上，早在1914年12月，我

Part A
特斯拉回忆录

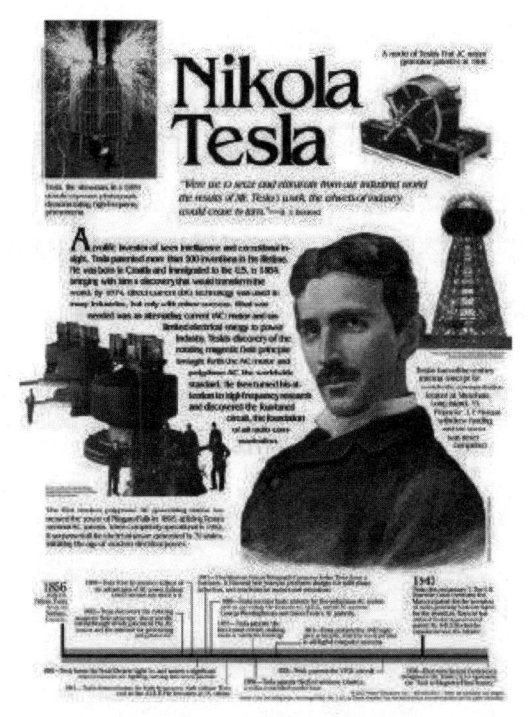

介绍特斯拉科学成就的杂志页面

在《太阳报》上发表的一篇文章中,已经对其过程和主要问题进行了准确预测。正在商讨中的国际联盟并不是一个真正有效的组织,而且,在很多聪明人士的眼里,结果很有可能会适得其反。

特别遗憾的是,在拟定和平条款时需要采用带有惩罚性质的政策。因为过不了几年,国家之间的战争可能完全用不到军队、军舰、枪炮等,而是使用更加可怕与毁灭性的、杀伤范围几乎是无限的武器。敌人可以在远处摧毁任何一座城市,而世界上根本没有任何力量能够阻止他这么做。如果我们希望避免这一灾难的发生,避免将地球变成地狱这样的悲剧出现,我们就应该马上动用全国所有的人力物力和各种资源研发飞行机械和无线能量传输。

Part B

文章、演讲及其他

NIKOLA TESLA'S
BIOGRAPHY

Part B
文章、演讲及其他

我的童年故事[1]

亲爱的佛蒂奇小姐：

我给你转发了1939年的"南斯拉夫日历"，它展示了我出生的房子和成长的社区。那儿承载了我儿时的许多欢乐和悲伤，还记录了我许多奇异的，有时候甚至是充满巧合的冒险。6月的日历页上有张照片，上面有座树木繁茂的小山，叫做博格丹尼奇。在

---

[1] 本文是1939年尼古拉·特斯拉在纽约人酒店为宝拉·佛蒂奇女士写的一封信。

特斯拉传
NIKOLA TESLA'S BIOGRAPHY

面额 100 的塞尔维亚第纳尔上的特斯拉

山脚下,你能看到一栋老式建筑。它边上是一座教堂,后方稍远处是一个墓地。离我们最近的邻居都在两英里开外。一到冬天,雪有六七尺深的时候,我们就完全与世隔绝了。

我母亲总是不知疲倦地从凌晨 4 点一直工作到晚上 11 点。凌晨 4 点到 6 点的早餐之前,当家里其他人都在鼾声大作时,我会一直睁着眼睛看着母亲带着强烈的愉悦,飞快地——有时是一路小跑地——去完成那些她强加给自己的义务。她指挥仆人去照料家里所有的牲畜,自己则去挤奶并独自做完各种活儿;摆餐桌,给全家人准备早饭。家里的其他人都到早饭做好了才会起床。

吃完早饭,全家人都跟母亲一样,以鼓舞人心的节奏卖力地干起了自己的活儿。所有人都乐在其中,并觉得相当有成就感。其实最开心的还是我,我们家伟大的公猫是我快乐的源泉。它可

Part B
文章、演讲及其他

是这世上最好的猫,真希望可以让你充分体会到我和它之间深刻的感情。我打赌,你就是翻遍所有的神话和史书,也找不到像我们这般相亲相爱的一对儿了,我们简直就是为对方而活的。

不管我去哪儿,这只公猫一定会亦步亦趋地紧紧相随。一旦危急情况出现,它会嗖地站起来,绷紧它的背,立起来的尾巴和胡子也都绷得跟铁棍和钢丝似的;它会发出阵阵噗噗低吼以表示它的愤怒和狂躁。这可是个可怕的景象,不管惹到它的是人还是其他动物,看到这一幕基本都会迅速地躲开。

我们每天傍晚都会进行固定的游戏内容:我从家里向着教堂跑,它在后面追我,然后一爪子挠住我的裤子。它像模像样地假装咬我,但是它的尖牙一扎进我的衣物,牙上的力道就卸了,它的牙轻轻摩挲着我的皮肤,就像一只蝴蝶温柔地落在了花瓣上。

它最喜欢跟我一起在草地上滚来滚去,每次滚的时候,它都会又咬又抓,咕噜咕噜地玩得兴高采烈。彻底被它迷倒的我,也跟它一样又咬又抓地咕噜。这种狂乱的欢喜根本停不下来,我们一直滚啊滚仿佛要滚到地老天荒。日复一日,只要不下雨,我们就放纵地一起享受这个游戏的快乐。它非常厌恶水,会因为不想弄湿自己的爪子而一蹦三尺高。遇到下雨天,我们就窝在家里,选个漂亮舒适的角落,抛弃了全世界只为跟对方耳鬓厮磨。

它非常干净,身上没有跳蚤或虫子,不爱掉毛,也没有我后

特斯拉传
NIKOLA TESLA'S BIOGRAPHY

来接触的那些猫身上的令人反感的特点和习惯。晚上它想出去时，会温柔地请求你的同意，回来时也会轻手轻脚地挠门让你开门迎接它的归来。

现在，我必须告诉你一个奇异且让人难以忘怀的经历，这次经历在我日后的人生中结出了丰硕的果实。我们居住的地方海拔大约1800英尺，冬天的气候通常很干燥，但有时来自亚得里亚海的暖风会在冬季里持续很长一段时间。长时间的暖风会迅速地融化冰雪，随即淹没土地并造成财产和生命的巨大损失。我们时常见到挟带着残骸的河流奔涌而下并摧毁一切挡道之物的可怕景象。承受着巨大精神压力的我常常将回忆年少时的美好时光作为对心灵的救赎；而每当我想起洪水肆虐的场面，河水咆哮的轰鸣便会再度充满我的耳朵，于是乎喧嚣的水流挟带着残骸的疯狂舞蹈便又重现眼前。这一度让我悲伤又沮丧。但关于冬日的记忆终归是愉快的，我喜欢它的干燥寒冷和皑皑白雪。

事有凑巧，我的奇遇发生的那个冬季比以往任何时候都要寒冷和干燥。走在雪地上的人会留下清晰的足迹，而砸到其他物体上的雪球会像命中了刀锋的方糖一般四散开来。在某个黄昏，我按捺不住地抚摸了公猫的背。它的背瞬间变成了一床闪闪发光的毯子，而我的手带起了阵阵火花，噼里啪啦的声响传遍了整个空间。作为一个很有学问的人，我父亲几乎可以提供关于任何问题

Part B
文章、演讲及其他

的答案,但这一次,他也没有听闻过这样的现象。最终,父亲轻描淡写地回答我,不过是电罢了,跟你在雷雨天看到的劈到树上的闪电一样。母亲似乎震惊了。"别跟猫玩了,回头它弄出火灾来可不得了。"她说。我则开始异想天开,想象着大自然会不会是一只巨大的猫?如果是的话,谁给它抚背?那个人只能是上帝吧——我做出了这样一个结论。您可能早就知道帕斯卡是个特别早熟的孩子,他还不到 6 岁时,大家就已经特别关注他了。可是你看看,我当年才 3 岁,就已经开始思考人类的终极哲学问题了!

你根本无法想象这个奇妙的景象给我稚嫩的想象力带来了多大的影响。我日复一日地问自己:什么是电?但却无从解答。80 年过去了,我还在问自己同样的问题,还是一如往常的没有寻找到答案。不计其数的伪科学家可能会声称自己知道答案,你可千万别相信。如果他们知道答案,我不可能不知道;即使有答案,我也肯定是那个找到答案的第一人。毕竟我做过的实验和经历过的实践都远比他们丰富,再说,我整整经历了三代关于电的科学研究。

如果不是我那个强大的、无情的、势不两立的敌人作祟,我的童年肯定会在公猫的陪伴下无忧无虑地度过。我的敌人是一只雄鹅,它是个奇丑无比的畜生,长着鸵鸟的脖子、鳄鱼的嘴巴和一双奸诈的眼睛，就像它多么智慧和明白事儿似的。我朝它丢石子儿，然后激怒了它，这可能是我干过的最愚蠢、鲁莽和最让我后悔不已的事。我喜欢喂鸽子、鸡还有其他家禽，偶尔会拎出那么一两只抱在怀里宠爱一番。但那只雄鹅从来不让我碰，我一进家禽饲养场它就开始攻击我，我逃跑它就啄住我的裤裆并剧烈摇晃。当我终于设法逃出生天时，它会欢天喜地拍打起巨大的翅膀，然后开始引吭高歌，其他鹅会瞬间加入欢送我的阵营。

我长大之后，有两个姑姑常常跟我说小时候的事。一个姑姑叫威娃，她有两颗象牙般突出的大门牙。威娃特别爱我，每次亲我的时候，她的牙都要扎到我脸颊里去，我每次都疼哭，可我一哭她还以为我是高兴来着，就更用力，一用力就扎得更深了。但比起另外一个姑姑，她还算是可爱的。我已经记不起另外一个姑姑的名字了，但是还记得她每次见我都要把嘴唇黏到我嘴巴上，然后用力一直吸、一直吸，直到我费尽九牛二虎之力挣脱她才能大口大口地喘气。这两个姑姑都喜欢问我各种各样的问题来逗乐。我现在只记得为数不多的几个：

"你害怕卢卡·博齐克吗？"

"不怕！"他老是拿着把枪威胁说要开枪。他还抢别的小孩的钱，但是抢到手之后会把钱给我。

"你怕那只牛吗？"

Part B
文章、演讲及其他

"不怕！"它是我们家的奶牛，一直很温和。但是一天我想骑它，我从栅栏上滑到它背上，它吓到了，然后开始一路嘶吼地驮着我狂奔，最后把我甩到了地上。但对我来说，这也算是不错的体验。

"你怕坏狼吗？"

"不怕！不怕！"我在教堂边上的森林里遇见过狼。它盯着我然后慢慢靠近。跟往常一样，只要狼来了我就开始大吼，我一边吼着，它就慢慢地小步跑走了。

问了一堆类似的问题后，我的姑姑们问我："你怕那只雄鹅吗？"

"怕！怕！"我刻意地强调，"我真的特别怕它！"我怕成这样是有充分理由的。夏季的某一天，我妈给我洗完凉水澡，把我赤身裸体地扔出去晒太阳后就回屋了。她刚走，那雄鹅瞬间就对我启动了攻击模

中年时期的特斯拉

式。它知道攻击哪儿会最疼。它差点儿把我脐带的残余都拽出来了。我妈的及时出现阻止了它对我的进一步伤害，她对我说："你要记住，一旦你惹毛了一只雄鹅或公鸡，就永远也别想跟它们和平相处了，它们活着一天就会跟你战斗一天。"

不过，我还可以时不时地到家禽饲养场里去心满意足地玩耍，因为在特定的日子里，那只雄鹅会带着所有的鹅飞到有天鹅的草地和小溪去戏水和觅食。它们不在的时候，我伺候鸽子、家禽和我们家既华丽又喜欢我的大公鸡。到了晚上，雄鹅就会带着自己的鹅群吵吵嚷嚷地回来。其实，看鹅群高飞、盘旋而归也是一种难得的享受。

Part B
文章、演讲及其他

我的发明之路[①]

我很高兴有机会在《科技美国》上发表文章,原因有两个。首先,长久以来,我都十分希望能够表达我对《科技美国》的崇敬之情,因为它所提供的及时、实用的信息正是我们所需要的。《科技美国》总是为大众推荐高质量的专栏文章,并精准地回顾科技的进步。这些文章内容可靠,辞藻优美,旁征博引,在推动发

[①] 本文最初发表于1915年6月5日的《美国科技》杂志。作者尼古拉·特斯拉。

特斯拉传
NIKOLA TESLA'S BIOGRAPHY

1976年7月10日前南斯拉夫发行特斯拉诞辰120周年纪念邮票,以纪念他在尼亚加拉水电站上的贡献

明激情以及大众科学启蒙方面做出了不可估量的贡献。《科技美国》是一个模范,它不仅做出了巨大贡献,也反映了美国整个国家的信誉。我所说的并不是简单的恭维,而是发自内心的最真诚的赞美。我衷心希望《科技美国》能越来越成功。

第二个原因是比较个人的。此前,对于我发现的旋转磁场和发明的感应电动机的错误论断不绝于耳,我不得不沉默以对。此

Part B
文章、演讲及其他

外，我的专利权申请过程十分艰辛，我感受到了来自商界的敌意和同侪的嫉妒，可以说我在很多方面都遭受了痛苦。然而，尽管受到来自律师和专家们的压力，法庭仍然支持了我。曾经的争斗已经被遗忘，如今，我的三四十项专利已经到期，我终于不再有负担，可以畅所欲言了。

自幼我的家庭就希望我长大后能够成为神职人员。这件事像一朵乌云一直压在我的脑海里。在公立学校和高等学校度过11年后，我拿到了学位。在我事业抉择的关键时刻，我在想，我可以违背我父亲的意愿，不顾我母亲的希望吗？我一定要向我的命运低头吗？这种想法让我压力倍增，我对未来充满了忧虑。

在那时，我的家乡爆发了可怕的霍乱。人们对这种疾病一无所知，当时的医疗条件也差到了极点。乡民们开始大量燃烧灌木以净化空气，但却毫无防备地喝下很多受污染的水，很多人都因此不幸去世。

这时候，我不顾父亲的强烈反对赶回家中，不料却病倒了。我在床上躺了9个月，无法动弹，这场病耗尽了我的精力，医生也放弃了对我的治疗。对于我来说，这是一段十分痛苦的经历。为了鼓励我，父亲承诺我病愈后可以学习工程学。后来，多亏一名老妇人将我治愈了。一年时间以后，我甚至都可以去登山了。

我的父亲也兑现了他的承诺。

1877年，我进入了位于奥地利斯蒂里亚省格拉茨市的理工学校学习，它是欧洲最古老的工程学学院。我知道因为我没能成为神职人员，我的父母难免失望。为了弥补他们，我承诺一定会以优异成绩回报他们。这个承诺并不是一时的心血来潮，而是一个十分坚定的信念。可能许多《科技美国》的年轻读者会从我的经历中获益，所以我来举几个例子吧。

当我还只有七八岁时，我读过一本小说——匈牙利作家约西卡的《阿奥菲》的塞尔维亚语译本。读完这本书后，我的脑海里萌生了控制自我欲望的想法，我开始严格自律。如果有一块美味蛋糕或一个可口的苹果摆在我眼前，即使我很想吃，我也会让给其他小伙伴，然后痛苦并满足地享受着这种煎熬。如果碰到艰难的任务，我会不停尝试直到完成任务。起初，我感受到了我个人欲望的强烈抵触，但随着时间的流逝，我的欲望和我的意愿已经逐渐一致了。这点可以说是我取得成功的秘密所在，也是我能发现旋转磁场的关键原因之一。如果我没有如此自律，也不可能发明感应电动机。

在理工学院学习的第一年，我经常早上3点起床，一直学习到晚上11点，周末和节假日也不例外。我的表现十分优异，受到教授们的青睐。阿勒博士是教授微分方程及其他高等数学课程的

Part B
文章、演讲及其他

老师，他的演讲绝对是一场知识的盛宴，让人终身难忘；还有珀施尔教授，他是理论和实验物理系的主任。我对他们充满了感激之情。珀施尔教授是个怪人，听说他同一件大衣穿了20年。虽然他少了点个人魅力，但他的表达能力弥补了这一点。他的用词十分准确，演示和实验也十分精准。

在1878年的冬天，教室里装了一台新的发电机，珀施尔教授在发电机外缠绕了电线，演示自激原理，并提供了驱动电机的电池。当他在讲解电池的时候，我说我认为这个设备会被淘汰。他反驳了我的观点并把我的观点比做永动理论，逗得同学都笑了，我却十分尴尬。有一段时间我都被他的权威所震慑，但我的信念鼓励我继续努力。

最早的感应电动机之一虽然其重量仅20磅，但是可以产生1800转的速度、四分之一马力的能量，在当时来说已经十分惊人了。

怀着无限的激情和自信，我努力地做研究。对我来说，这仅是对我意志力的一种考验。在学校里的时候，我夜以继日地研究，却毫无成果，我甚至认为这是个无解的问题。我确实也考虑过将重力转化为转动所需的动能，但这个努力是徒然的。那么，磁场吸引力也是这样的情况吗？这两个命题看起来似乎大同小异。

1880年我来到了布拉格，因为我的父亲一直希望我能在一所

特斯拉传
NIKOLA TESLA'S BIOGRAPHY

大学完成我的学业。这座城市古老而独特的氛围对发明创造很有益。匈牙利拥有众多才华横溢、充满智慧的艺术家。在这里，我迈出了关键的第一步，那就是将换向器从机器上拆下然后放到了距离较远的轮轴上。每天我都在努力寻找答案，每天都感觉离任务完成越来越近。

在接下来的几年里，我的人生观彻底发生了变化。我意识到我的父母为我做出了太大的牺牲，我希望他们能不再有负担。那时，美国发明了电话，这项发明传到了欧洲，布达佩斯也安装了电话。这看起来是个不错的机遇，于是我坐火车来到了这里。但命运总是充满讽刺，我的第一份工作竟然是制图员。我讨厌画图，幸运的是没过多久我就找到了喜欢的工作，那就是做电话公司的总电气技师。

我的工作让我认识了不少意气相投的年轻人，其中有斯基杰蒂先生，他长得颇不雅观，但身材好，力气很大。那时，由于长期的脑力劳动和辛苦工作，我感到体力不支，他向我教授了系统地锻炼身体的方法。我们每天一起锻炼，我的体力大增，思想似乎也变得更有活力了，并对成功充满了信心。我清晰地记得我们在城市公园里游玩的情景，我在背诵诗歌，我挚爱的一首诗。在那个年纪，我的记忆力很好，能够逐字逐句地背诵很多本书，其中就有《浮士德》。那是一个傍晚，夕阳西下，我想起了其中

Part B
文章、演讲及其他

一段：

落日西沉，白昼告终，
乌飞兔走，又促进新的生命流通。
唉，可惜我没有双翅凌空，不断飞去把太阳追从！
一场美丽的梦想！太阳已经远去。
唉！肉体的翅膀，毕竟不易和精神翅膀做伴。

在我念着这首诗的最后几个词的时候，脑海里突然闪过一个想法。我瞬间有了灵感并把它画在了沙地上，并用在了我 1888 年的那些重大专利中，这一点斯基杰蒂非常清楚。

我很难向读者确切地传达这段经历的真正意义和重要性，因为它是如此神奇。一个想法刚刚产生时，一般情况都应该是原始的、不完美的，都应该有出生、成长和发展的自然历程。但是我的发明却与众不同。从一开始我就清楚地确定了它的正确性，一开始它就是发展完全又完美的。任何理论无论多么合理，都需要经过试验的证明，但是我的理论却不需要。所有的发电机和发动机都在证明着我的理论的正确性。我的想象和现实完全一致。

我想象我的发明给我带来财富和声望，但对我来说更重要的是，我终于成了一个名副其实的发明家。这才是我真正想要的。

我的理想是成为一个像阿基米德一样的人物。虽然我十分崇敬艺术家的作品，但对我来说，那些作品只是虚无的影子。我认为发明家才是给世界带来真正变化的人。

在1882年春天，电话安装工程告一段落，这时，我收到了一个前往巴黎的工作邀请，便欣然接受了。我在巴黎结识了不少美国朋友，其中，D. 坎宁安先生提出要与我一起创立一家公司。如果我没有被委派到阿尔萨斯的斯特拉斯堡的话，这个公司可能会成立。在斯特拉斯堡我建成了我的第一个发动机。虽然这还是一个十分原始的仪器，但却让我第一次看到了无需换向器仅在交流电影响下的旋转，这给我带来了莫大的满足感。在1883年的夏天，我和我的助理又重复了两次这个试验。

和美国人的交流影响了我，我开始努力寻求资金支持，但是并没有成功。于是在1884年初我回到了巴黎，尝试做了一些努力，都没有太大成果，所以就在1884年夏天我去了美国。我来到了爱迪生工作室，开始设计发电机和发动机。在长达9个月的时间里，我的日常工作时间都是早上十点半到第二天凌晨五点。我变得越来越急迫，并下定决心一定要让爱迪生看到我的设计。我仍记得当时那个尴尬的情景，那是1884年后半年的某一天，机械厂的经理巴彻勒先生带我去了科尼岛，我们在那里碰到了爱迪生和他的前妻。我等候良久的一刻终于到来，正当我准备开口时，

Part B
文章、演讲及其他

一个长相粗鄙的流浪汉吸引了爱迪生的目光，我没能说出我的想法。

1885年初，有人提议和我一同发展弧光灯系统并成立一家以我的名字命名的公司。我签署了合同，一年半之后，我开始彻底投身于发明中。我也找到了资金支持，在1887年4月，我的公司正式成立，后来发生的事情大家都很清楚了。

关于我1888年的专利申请遭到的一些控诉，我想说几点。对于这项专利共有三个竞争者：法拉利、莎兰伯格和卡巴奈拉。我的专利的反对者都十分支持法拉利的声明，但是他的那本意大利语小册子，是在1888年春天出版的，而我的专利记录却比他足足早了7个月，而且我的论文出版时间也比美国电气工程学院的早，了解这些情况的人是不难得出结论的。暂且不说时间早晚的问题，法拉利教授的出版物只提到了我的分离阶段发动机，所以我的专利权优先于他。对于我发明的系统内关键特征，他只字未提，而且对于分离阶段发动机，他也坚信它毫无价值。

其实法拉利和莎兰伯格都是在研究贾腊德和吉布斯变压器时无意间发现了旋转这个概念，但他们都没能合理地解释这个概念。他们也没能和我一样创造一个旋转磁场，理论和我也完全不同。

至于卡巴奈拉，他控诉的唯一原因就是一份废弃的技术文件。因为原申请描绘的只是一个单独为了提高发电量的双环路发电机。这个想法其实并没有多大创新意义，因为当时已经有很多这种机器存在了。所以控诉我的旋转变压器模仿了上述机器是完全不合理的。或许可以说它们确实是我机器中变压系统的一个元素，但绝对不能说这个双环路发电机完全组成了我这个全新奇异的发明。

Part B
文章、演讲及其他

电气时代的进步[1]

我很少有勇气在众多观众面前进行无法回避的演讲，今晚的这次演讲对我来说却很特别。我站在这里，是对我几天前获得的荣誉的负责任的回应。尽管有那么几次我的演讲很成功，却并非由于我善于修辞或演讲艺术有多了得。是真的，我常常——包括这次演讲——感觉自己脑海里充满了话题，但我知道当我想要将

---

[1] 本文是尼古拉·特斯拉1897年1月12日在艾利考特俱乐部发表的关于尼亚加拉大瀑布发电站落成庆典的演说。

它们表达出来时，那些想法就逃跑般地消失了，然后我感到自己被抛弃了，心里冰凉，全场静悄悄的。我已经能看到你们失望的表情，还能从中读出你们深深的后悔之意。

方才这些，先生们，并不是我自私地想从你们那里获得对我这种毛病的同情和宽容，而是为了表达我深深的歉意。很抱歉我没能让大家享受一场精彩的演讲。我多么希望自己拥有雄辩之才，满腹辞藻，来使迷人的电力科学——这个划时代的成就，以及这个被人们所称颂的"电气时代"，还有这场伟大的庆典大放异彩。不幸的是我的这个希望无法得到满足，但是我希望我有限的言辞，能够为今天的场合带来一些有趣的、有用的、合乎时宜的东西。

先生们，在最近一段时间里，有许多标志着人类智慧进步的成果出现，这些成果安慰了那些衷心希望人类进步和幸福的人。

首先，在显微镜和精确的电力器械的帮助下，我们能够细致了解我们的身体组织和感官，尤其是那些我们用来感受外部世界和进行运动的组织，都被物理法则所揭示。由于它们是我们能够观察到的，所以我们确信我们所获取的知识是正确的。举例说明：我们的知识，都来源于事实，比如光是沿直线传播的，其所对应的事实就是，透过透镜呈现的像与物体本身是一样的。我也认为人类所有的知识，都是以观察到的结果为基础的。但是如果光并非沿直线传播，而是遵循着另一种我们尚未发现的法则，我们所

Part B
文章、演讲及其他

看到的物体的像就会与物体本身不同，甚至不同的时间和距离呈现的像都不一样。比如一个三角形呈现出六角形或十二角形的像。了解了我们的器官构造和原理，我们就不会怀疑我们所见之真实，就会拒绝不合理的推测和怀疑论。

另一个令人欣慰的方面，是在可预见的时间里，进步是在不停地加速的，就像物理学中的运动原理描述的一样。加速度和动量或者说能量的积累来自持续的力量推动，而且推动力超越了摩擦和阻力。如果这种进步，或者说发展，或者叫进化，并非是被物理学中运动定律所界定，会是什么情况？最近这些年的科学成果突破了许多年来的壁垒，一直在进步。我们都被这些成果晃得眼花缭乱，而我们对自然界的认识，尽管还不全面，但已经足够使我们有信心在短暂的将来实现我们长久以来的设想。

但是只有科学家、思想者和推理者会对这些成果感兴趣。然而还有一项成果能够使我们所有人都感到满足，因为它能为全人类带来福祉。先生们，现在有一种趋势越来越明显，它越来越大地影响到人们生活的各个方面，这种影响带来了许多好处——那就是大师带来的影响。令人惊喜的是，许多大师都希望自己能成为物理学家、电工、工程师或机械师，成为那些铸造了我们所见证的奇迹的人，而不是成为数学家或金融家。正是这样的人使我们的教育培养的年轻一代不再是迂腐、狭隘的苦力，而是可以自由选择学习的科目，获得各自的发展。

一些喜欢批评现状的人，形容现在是"不对称发展"，甚至说这种发展是与人类幸福相悖的退化。但他们错了。这是一个应该受到人们欢迎的时代，这个时代聪明地细化了各种分工，建立了能够最好地促使进步的条件。让一个人专注于一个领域，探寻一个真相，尽管他被圣火吞噬，仍会有百万人跟随他的脚步继续前行。在这个时代，决定人们进步程度的已不是工作的数量，而是工作的质量。

也是这些大师唤醒了曾经闪耀在改革者和哲学家身上的精神，这种精神使从事不同工作的人们不仅仅是为了物质收益或薪金而工作，而更多的是为了成功，为了成功带来的喜悦而工作，也是为了后来者的福祉工作。在这些人的影响下，人类不断前进，被对学习的热爱推动着。在自己的领域求索的人的最大快乐，就是对知识的获得与传播；而从事实际工作的人们的最大挑战是精益求精！先生们，让我们给予大师以荣誉，感谢他们，为他们的健康干杯！

现在，在这些鼓舞人心、标志着现代智慧的进步中，电力以及电能科学的发展，也是一个强效的因素。电学向我们展示了光的真实属性，为我们提供了各种各样的电器和精密设备，也增加了我们的知识。电学还解释了许多现象，让我们更加深刻地认识

Part B
文章、演讲及其他

自然界和它的各种现象,使我们的许多愿望成真。电学吸引了大师们的目光,使他们着力探索这个上帝赐予人类的能源,也使他们的追随者能沿着他们的道路继续前行。

有了这些喜人的成果,我们对未来不再恐惧和疑惑。有一群悲观者总是在我们耳边说,所有国家都在武装起来——武装到牙齿,还相互展开攻击,最终会全部毁灭。那些悲观者忽视了一种持续的无法改变的力量——呼吁和平的力量!

真诚的艺术大师引领着我们的灵魂变得更高尚,让我们憎恶冲突和残杀;工程师为人类的平等和沟通做出了巨大的贡献;机械师为我们创造了更好的交通和旅行工具;化学家开发了新的资源,让生活更加安全、快乐;电气师将和平的信息带到了全世界。

也许,这些伟大的人们会在不久的将来创造出急射枪、鱼雷或其他具有杀伤性的武器,然后告诉你他们这么做是为了守卫和平。这些可恶的工具将给我们带来灾难,我们会慢慢意识到,如果当初他们将自己的才能用在别的方向该有多好。那样,他们收获到的将会多很多。很快,全世界都会发现武器的巨大破坏力。

兄弟们,一起来阻止武器的使用吧,不要让野蛮主义的残留阻碍了人类的进步!让英勇的战士们有机会展现他们的勇气,而不是沉溺于毁灭自己同胞的快感中吧！让他们努力奋斗永不畏缩吧！让他们不惧艰险上刀山下火海吧！让他们直面黑死病的恐惧、热带沙漠的酷热和极地的冰冷吧！大家一起努力对抗人类共同的敌人，对抗发生在你生活中的危险吧！让我们来关心威胁我们生命的空气质量、水源安全以及食品安全等事件吧！

我们到达了发展的最高境界，掌控着巨大的能量和行动力，我们是地球的主宰，我们的命运却受到未知敌人的影响。我们应该知道我们吃的食物、喝的水到底是代表着幸福和生命还是代表着痛苦和毁灭。

接下来，让我们进入一个更让人愉悦的话题吧。

我曾提到过，希望不同的学科或不同的研究部门能够合并，还提到过不同力量、不同现象之间多方面的紧密联系。我们都知道光、辐射热、电力和磁场运动都是紧密相连的。化学家会说物体的联合和分离是电力引起的，医生和生理学家会说生命的过程也属于电气科学。电气科学获得了更大的关注，我们可以把这个时代叫作"电力时代"。

我非常希望自己能在这里向各位讲述电到底是什么，但是我应该遵循一位哲人的先例，所以在这里我不会从纯科学的角度向各位解释电。

Part B
文章、演讲及其他

我想说说最近电力各个分支的巨大发展和它对科学、工业的影响。如果要解释这种影响,我们只有从蒸汽机和内燃机说起。在半个多世纪里,蒸汽机满足了人们各种各样的需求。它在各种不同场合被使用,也产生了各种不同的蒸汽机。而困扰工程师们的许多问题逐渐都归结到一处,就是如何最大限度地提高热能转化为动能的效率?然而这个问题最终又归结到,用这种方式来获取动能以满足一般需求是否是最好的?

由于除了在某些特殊条件下,活塞的往复运动对我们的实际需求并无太大作用,所以活塞被连接在曲轴上,我们由此便获得了旋转运动,尽管仍有许多缺陷,也需要加装更多的部件,但这更加符合人们的需要。直到最近,大批的工程师开始选用最好的零部件来转换活塞运动。而在过去的几年里,人们将注意力集中在了制造电动机的人身上,因为电动机看起来非常理想,一台发电机加上一台电动机可以满足普遍的使用需求。从现在开始,人们不必再为不同的需求去建造不同的引擎了。

工程师现在的任务是把精力投入到一种完美的机器上——最好的、最通用的、不远的将来就能被完善的机器;也就是说,最适合电力时代的机器。最初的努力极大地推动了高速往复引擎的发展,也推动了涡轮的发展。后者是一种实际用途很少的引擎,但是现在,在与发电机和电动机连接的情况下,它变得非常有价值。引擎不断被完善，而更加适合的经济条件也使这种完善得以实现。改进后的引擎摒弃了传统的装置，包括填料装置、给油器以及其他附件，它只需要一台发电机就可以工作了，且损失的热能极少。我对这种模式的未来发展非常有信心。

受到近来电灯和电能的商业推广的影响，工程师们也越来越将精力集中在内燃机或者叫爆发机关上，即研究如何获得更高的热力效率。所以，现在我们有了更有力的引擎，它的制造工艺更高超，更尖端，更适合电气时代。

特斯拉主持建造的尼亚加拉瀑布水电站的内部

Part B
文章、演讲及其他

电能的发展还影响了许多其他行业,例如生产各种各样的金属物品和化学品的制造业。电焊尽管在焊接过程中存在浪费,但已被多数人接受,生产钢板、无缝钢管的工艺也得到很大的发展。由于电能的使用,我们毫无疑问地正在逐步减少矿石的消耗——包括铁矿。将一般电流转换为高频电流的技术,使我们得到了更多的可能性,比如用新奇的工艺合成大气氮,并且制造氮肥;再如制造氨、硝酸和盐。

高频电流也给我们带来了新的照明方式,使我们能够制造日光灯泡或灯管这种低能耗的照明器材。紧随着电力的发展,我们还能看到,其他领域也在出乎我们预期地大步前进。列举这些成果本来是评论家们的事情,但我还是要提一下雷纳特和伦琴的美妙的发现,尤其是后者,他的发现是那么具有冲击力,以致我们一时忘记了来自德国的林德的成就——他成功地通过持续低温在工业规模上制造液化空气。我还要提一下,雷利勋爵和拉姆塞教授发现了氩元素;低温研究领域的先驱者杜瓦教授。可以说,美国为世界科学的进步作出了慷慨贡献。

为了向其他国家致力于科学研究的人们致敬,我们要特别提到那些为这个电气时代作出贡献的人。贝尔,他令人敬佩的发明将我们的语音传向远方,也改变了商业的模式,甚至改变了我们每个人的生活。爱迪生,仅仅是他早期的白炽灯照明,就足以使他成为这个时代最伟大的恩人。布拉什,弧光照明的先驱。汤姆森,他最先发明了焊机,现在正在许多其他领域忘我工作。韦斯顿,曾经的发电机研发的领导者,现在致力于用电器的制造。斯普拉格,用稀缺的能源建造出了真正的电气化铁路。艾奇逊、霍尔、威尔森以及其他创造了这个革命性工业的人们,都在我们的注视中。这些人的工作至今尚未结束,幸运的是他们大多仍旧精神饱满,充满活力。

当然,还有更多的工作等着人们去做,也有许多人以及更多的人在孜孜不倦地工作并发现新的领域。每周——如果不是每天的话——我们都能在杂志上读到新的发现,这些发现带给人们成功的同时也带给人们更多的工作。

但在这众多的研究中,在这众多或新或旧的工业分支中,发展最快、最重要、为人类带来最多便利的,甚至说是为人类的生存带来贡献的,就是电能的转化。在这个最重要的领域,多年之后,我们现在关于尼亚加拉的这场庆典,将会被人们视为一座人类的丰碑——一座比蒸汽机更加重要的丰碑。我们在过去有许多纪念碑:我们有宫殿和金字塔,有希腊的神庙和基督徒的教堂。这些纪念碑都标志了人类的力量,国家的伟大,对艺术的热爱和对宗教的奉献。

而尼亚加拉有着自己的象征,象征着我们现在的想法与趋势。

Part B
文章、演讲及其他

它是我们这个科学时代的纪念碑，是启蒙与和平的纪念碑。它标志着人类征服自然之力为己所用，对野蛮方法的终止，标志着对众多愿望的满足。无论做什么，无论在什么领域，都需要能源。经济学家可以构想更多的经济系统和管理资源的利用，立法者可以制定更明智的法律和条约，但这些所带来的帮助都只是暂时的。如果我们想要解决贫困，满足需求，获得更多的机器和能量，能源才是根本。足够的能源可以为人们提供更加舒适的生活，除了那些最大的罪犯——无所事事者。

一座城市的发展和财富，一个国家的兴盛，整个人类物种的进步，都受制于所能获取的能源。想想大不列颠的胜利征程，这是史上前所未有的。且不论种族的特质，虽然这是至关重要的一点，但他们征服了世界还是因为——煤炭。因为用煤炭，他们自己能炼铁；煤炭为他们提供光亮和热量；煤炭推动了他们大规模制造前进的车轮，驱动着他们征战的舰队。

然而煤炭的储量在一点点耗竭，劳力愈发昂贵，同时需求却在不断增长。每个人都明白，必须尽快开发新的能源供应，或者对现有的方式进行重大改进。发展一种更经济的方式利用煤炭中储存的能量，已经是所有人的共识。尽管能取得这样的一项成果将会被奉为伟大成就，然而并非如某些工程师所坚信的那样，这是解决能源问题的终极方法。受经济和便利双重理由的驱动，我们将广泛采用从中央电站获得能源供应的系统，为此目的，机械发电可谓当仁不让。这一方法使用广泛，利大于弊，以致在我看来，用电池取代发电机的可能性微乎其微。更何况，高压蒸汽发动机和燃气发动机为更加经济的热力学转换带来了保证。即使今天我们已经拥有了一种经济的煤炭电池，也不能保证它将被用于中央电站，因为这会引发很多不便和不利。

我们不应简单地满足于改进蒸汽和爆破发动机或发明新型电池；我们应该为更好的前景而努力，去实现更伟大的任务。我们必须革新获取能源的方式，要完善方法，要使用能够用之不尽、取之不竭的可再生能源，而不是会造成消耗和浪费的能源。很多年之前，我就认识到这一重大变化的可能性。针对这一重大的问题，实用的解决方式对人类来说有着深远的意义。几年来，我集中精力，从而想到了好些令人欢欣鼓舞的主意。这些想法激发我克服最大的困难，也给了逆境中的我以力量和勇气。

约在六年前，我信心大增，激起了我找到这一问题最终解决方法的希望。之后，我就不断进步，不仅仅是信心在增加，事实上也在取得实际的进展，因为这些进展是通过对已知事实、结论和计算的辛勤研究得出的。如今，我坚信这一想法的实现不再遥远。

Part B
文章、演讲及其他

  我花了很长时间对我所提及的发明的可能性进行检验，也就是借助介质的能量，在地球的任意一点使用发动机。我发现，即使在最佳的理论条件下，这种利用煤炭获取能源的方式也无法在经济、简便和其他许多方面与其他很多方法媲美，比如，假如我们可以有效地利用高压电流，一座瀑布就会是获取能源的最佳途径，足以提供我们所需的电能。这一认识让我深刻地意识到未来水力的重要性，不是因为其商业价值——尽管它的商业价值巨大——而仅仅是因为这会给我们带来保障和福祉。我很欣喜地提到，在后者的方向上，我的努力也没有白费，因为我已经找到了比现有装备效率更高的电能转化方法。实际上，这一领域的进步给了我全新的希望，我有幸能目睹我最热衷的梦想得以实现，也就是说，电站之间的能量输送无需使用任何连接的电线。然而，无论最终人们使用哪种输送方式，靠近能源的产地仍将是一个重要的优势。

  先生们，今天我所说的某些想法你们可能会觉得匪夷所思，但请相信我，因为毕竟这是我长期工作得出的结论。如果你和我一样将自己毕生的精力投入到这些领域，那你也可以对它进行评价。怀揣他人无法理解的思想，就如同在高处登山：刚开始你感到很不舒服，希望马上下山，你不相信自己的能力；但很快你就会感受到远离了尘嚣的寂静，高海拔也会让你安静下来；你的脚步变得更坚实，然后你会开始享受这让人眩晕的高度。

我试图向你解释"电力"以及它的发展和影响力，但我担心我所做的就像一个男孩试图通过几条直线来作画一样。但起码我努力地说明了一点，也是今天的演讲中最有价值的一点，那就是人文主义。在尼亚加拉最大的企业中，我看到的不仅仅是一群有胆识的工程师和一个个伟大的商业创举，我还看到了真正的科学和伟大的慈善精神，这正是科学应该发展的方向。它的成功为在全世界范围内推广水能做出了贡献，它对人类发展的影响力是不可估量的。我们应该真诚地祝贺先驱者们所取得的成就，并感谢他们所付出的努力。

我很高兴看到水牛城居民友好的态度以及加拿大当局的支持。我们希望如美国罗切斯特、加拿大的哈密尔顿和多伦多这样的城市能够向水牛城学习。水牛城拥有不可比拟的资源、众多优秀的商业设施以及热情的市民，一定会成为世界上最伟大的工业中心之一。

Part B
文章、演讲及其他

电气时代的未来[1]

许多壮志未酬的发明家常会感叹自己生不逢时,总说在自己生活的时代,所有的发明都已经做完了,自己没有了任何可以发明创造的空间。他们这种认为随着人类的不断进步,发明创造的可能性就会消耗殆尽的错误观念,其实并不罕见。

但事实却正好相反。在电力方面,目前所取得的成就跟未来

---

[1] 本文最初发表于1916年12月2日的《科利尔周刊》。作者尼古拉·特斯拉。

可能出现的成果完全没有可比性。不仅如此，我们这个时代仍有无数老式的东西，在经济性、便利性等诸多方面都没法跟未来的新发明相比。后者的优势非常明显，以至于只要一有机会，工程师就会建议自己的客户"把产品电气化"。

水能为电力应用的创新提供了巨大的机遇，尤其是在电化学领域。鉴于水和电都不可压缩，利用瀑布产生能量成为了已知的最经济的发电方式。水力发电的能量净转化率可高达 85%。虽然通常需要巨额启动资金，但后期的维护成本极低，且能提供堪称完美的便利性。水能设施无一例外地采用了我发明的交流电系统，迄今产生的总能量约 700 万匹马力。而目前广泛采用的煤炭能源，其吨产能年均值不超过 0.06 匹马力。因此我们产出的总水能约等于每年消耗 1.2 亿吨煤的煤产能，这一煤炭消耗量大约占美国煤炭总产量的 25%～50%。

但煤炭仍有极大的利用潜能。我们通常通过转化煤中储存的太阳能来满足工业和商业需求。据统计，美国的年均煤产量为 4.8 亿吨。如机器运转稳定，这些煤的年均产能约为 5 亿匹马力。但这事实上是对这一宝贵资源的挥霍，因为我们开发出来的能量不到煤平均热值的 5%。一个包含采矿、运输和煤产能开发的综合电气计划，能有效地降低这种令人震惊的浪费。更重要的是，每年因为被定级为劣质而白白扔掉的数十亿吨煤可以被变废

Part B
文章、演讲及其他

为宝。

类似的计划也适用于天然气和矿物油，目前美国在这两方面的年损失高达数亿美元。在不久的将来，这样的浪费将被视为犯罪，天然资源开发者将被强制引进新方法。而电力的运用可以渗透到这个领域的方方面面。

钢铁制造则是有效利用电力的另外一个广阔领域。每生产一吨生铁需要消耗大约一吨的焦炭。目前美国的年焦炭消耗量为3100万吨，生产过程中产生的400万立方英尺气体均可转化为电力并可获得约250万匹马力。

美国每年消耗约4100万吨焦炭用于生产制造，这一过程中产生的气体可以转化为约150万匹马力的电能。我花了很长时间来思考这个产业命题，发现只需要通过新的、高效

工作中的特斯拉电塔模型

的、非常便宜和简单的热力学变压器，这些气体的热量就可以被转化为不低于400万匹马力的能量；而现在，这些气体要么是被完全浪费，要么只得到了部分和低效的利用。

随着系统的改进和完善，我们可以得到更好的成果，并产生至少5000万美元的年收益。电能可以有效地运用到大气氮素固定和肥料的生产中，对这两类产品的需求及其生产都是无限的，但它们在美国的生产消耗了大量的能源。我对这个项目充满信心，并迫切地期待它可以在不久的将来得到实现。我也很希望看到电力在这个领域和方向的应用。

我们对大气中的降水量的完全控制也是指日可待的。到那时，我们可以从海洋中获取无限的水资源，并产生我们期待的任何能量，而通过这一技术实现的灌溉和集约化养殖，将彻底改变我们所居住的地球。这也可能会成为人类在电力应用上能实现的最伟大的成就。

目前电力传输所面临的远距离限制，可以通过两个方式来解决：采用地下电绝缘导体或利用无线技术。

一旦这些先进的理念得到了真正的实现，我们将能享受到水能带来的全部好处，这将使水能成为主要的电力来源，可以满足家庭和公共场所供电以及战争或和平时期的其他电力需求。

一个从未被涉及的巨大领域是电力在船舶推进上的运用。美

Part B
文章、演讲及其他

国领先的电气公司在一艘大型船舶上装备了高速涡轮和电动马达。这成为了一个成功的信号，在未来，类似设备的应用将会迅速地普及开来。电力驱动的一大优点是不具有专利性，因此任何人都可以使用。回转装置在船只上普遍应用的时代很快就会到来。虽然电力驱动在工业和制造业的各个分支中的引进和运用目前尚不多见，但这里的前景是无限的。

虽然有诸多著作描述了电力在农业中的应用，但真正实现的例子却很少。大家都已经了解到了电力高压的好处，我们有理由相信，通过电力设备在农业中的广泛应用，我们可以带来一场革命。到了适当的时机，森林火灾的防护，微生物、昆虫和啮齿动物等危害的消灭都将可以通过电力来实现。

在不远的将来，我们将看到电力在安全保障方面的新用途，尤其是在保障船只在海上的安全性方面。我们将开发出可预防撞船事故的电力设备，并能够通过电场力和强大的穿透射线来驱散海上的浓雾。我希望，在未来的几年内，用于海面照明的无线设备可以得到安装。这个项目是完全可行的，如果得以实现，它将比任何其他的设备更有助于保障海上船只的人身和财产安全。这一设备也能产生固定的电波，使船只可以随时获得精准的定位和其他有价值的实时数据，这可以取代现存的数据观测手段。此外，它也可以提供报时和其他类似的功能。

在电力照明和电源设备这个伟大的领域，引进了许多新型设备。在恰当的时机，这些设备可以与电路连接来实现平衡负载，并提高工厂的收入；它们的引进为这个领域创造了巨大的机遇。我对一些此类新型设备有所了解。其中最重要的可能是电制冰机，它完全消除了使用危险，也消除了其他不良化学物质的使用。这个新机器不需要格外费心，用起来也省钱，每家每户都可以非常便宜和方便地使用。

一个完全由电力操控的喷泉已经投入使用了。这种有趣的喷泉很可能会迅速得到广泛地运用，并成为广场、公园和酒店中不同寻常又令人愉悦的景致。

我们正在研制可以满足所有家用烹饪需求的设备。家用烹饪领域、广告灯牌以及其他可以通过电力操作来实现广告效果的领域，都有着巨大的潜力。在这个领域，已经出现了一些成功的案例。毫无疑问，电流在这方面还有很多大显身手的空间：剧院、公共展厅和私人住宅都有着对便捷电力设备和设施的大量需求，这也为天赋异禀的实用发明者提供了充分的舞台。

电报和电话方面也有着巨大的进步空间。新接收设备的敏感性可以被无限强化，这将使我们可以在通过任意长度的架空线路或电缆进行通话的同时，将工作电流值降至最低。这一发明将大大强化所有部门的信息无线传输。

Part B
文章、演讲及其他

接下来要介绍的是，通过现有设备实现图片传输的新手段。其实通过发电报或打电话的方式来传输图片的想法早就存在了，但实现上存在诸多的困难和阻碍，导致不能将之商业化。但已经有实验证明了这个方法的可行性，因此我们有充分的理由相信，在不久之后就可以取得实质性的成果。另一个有价值的发明是声控的电打字机。这项发明在营业厅里特别具有实用价值，因为它不仅将人力从操作中解放出来，还节约了大量的工作时间。

市政即将推出电力使用方面的改进措施，包括烟感灭火器，吸尘器，臭氧管，水源、空气、食物和衣物的消毒器，街道事故防止装置，高架道路以及地铁等。有了这些装置，人们将不再因为接触到细菌而生病，在市区也不再容易受到伤害。

电疗这一领域也为电力应用提供了无限的可能性。尤其是高频电流，它在这一领域有着无限美好的未来。终有一日，每个私人住宅都可以随时、便捷地使用这一新型的电能。在未来，我们常用的洗澡方式可能没有存在的必要了。我们的身体可以在连接到高频的电能的瞬间得到彻底的清洁。这一电能可以将附着在皮肤上的灰尘或细小颗粒轻松地清除掉。这种新型洗澡方式不仅可以让人保持干燥和节省时间，还可能对人体产生有益的治疗性影响。

很快，电子设备将成为预防犯罪的主力军之一。电子证据可以成为庭审中的决定性因素。毋庸置疑，能把脑海中形成的任何影像显示在屏幕上这一目标很快就能实现。目击者可以在任何需要的地方重现自己看到过的影像。这种思维读取技术的完善将会掀起一场社会关系的革命，让我们的社会变得更美好。不可否认的是，狡猾的不法分子也可能会利用同样的手段来进行犯罪。

现存的国际冲突，极大地刺激并促进了破坏性装置和工具的发明。电动枪将很快被发明出来。飞艇和飞机将配备高压的小型发电机，致命的电流将由其通过极细的导线输送到地面。战舰和潜艇将配备电磁场，这让它们能敏锐且迅速地探测到在水中或黑暗中靠近的任何物体。鱼雷和漂浮的水雷将实现自动导航，哪怕设定的打击对象已经超出了人类肉眼的视线范围，它们也能准确无误地定位并将之摧毁。自动遥控技术或自动机的远距离无线操控技术在未来的战争中将起决胜性作用。

这样的智能发明，可能会以飞机、气球、汽车或水下船舶的形式或任何其他根据不同情境需求设定的形式出现。它们的打击范围和破坏力度是目前使用的武器所无法比拟的。我相信，遥控的空投鱼雷将使得目前广泛使用的大型攻城炮再无用武之地。

Part B
文章、演讲及其他

无线电艺术的未来[1]

运动中的群体抵触通往进步的变革，世界对新想法也同样存在抵触情绪。要想让人们接受新事物的价值和重要性，需要一定的时间。新鲜事物在发展的初期，受到来自陈旧事物的无知、偏见和惰性的阻碍，也经受着伪善的倡导者和自私的剥削者的束缚，更会受到对手的责难和攻击。但是最终，新的事物会冲破千难万

---

[1] 本文为尼古拉·特斯拉口述，由沃尔特·W.马西和查尔斯·R.昂德希尔整理。

阻,如烈火燎原般在世界上广泛传播。无线电艺术正是这样一种新事物。

这一具有革命性的新发明的实际应用还只是刚刚开始。但是,它已经引起了广泛关注。

对于外行人来说,很难理解电流为何在远距离传输的过程中没有任何流失。其实这很简单。因为距离只是一个相对的概念,是人脑对物理限制的反映。我们对电力现象的看法必须脱离这种令人迷惑的错觉。不管多么令人惊奇,但事实上,就是一个弹子

坐落于贝尔格莱德的尼古拉·特斯拉博物馆

Part B
文章、演讲及其他

球大小的物体所提供的电阻比整个地球都大。每一个用这样一个小球体来实施的实验，都能换成用我们广阔的地球来进行，而且这样会使实验更加完美。这并不仅仅只是空想的理论，而是一个被无数精确的实验所证实的真理。

当地球受到机械性撞击时，就像一些强力的地震所造成的那样，地球会像一个钟摆一样振动，其周期以小时来计算。当地球被电流冲击时，电荷振动的周期大约为1秒钟12次。当加上特定长度（这个长度一定与地球直径有关）的电流波，地球就会像电报一样产生共振，产生固定的波，而且这个波的结点和中心区域都能够被精确地定位。

由于这个事实以及地球的球状外形，无数的大地测量学及其他具有极高科学和实用价值的精确数据能够被轻易地获得。通过对这些奇异现象的观察，我们很快就可以得到地球的精确直径、结构、体积，以及其海拔高度和低谷深度，并且我们可以只用一台电子设备，就非常精确地测量所有地面距离。在迷雾或深夜里，没有指南针或其他定位设备，没有指示时间的工具，我们也可以指引舰船找到最快的路线，在任何位置测量出所在的经纬度、时间、距离，以及舰船的速度和移动的方向。恰当地利用这一原理，我们可以让波以任何速度在地球表面移动，可以随意选定任何地点产生电场效应，也可以通过简单的三角法则确定地理位置。

这种形式的远距离电能传输并不是一般意义上的"无线",而是一种导体传导的传输过程,比任何人工传输都更高效和完美。所有传导障碍都来自于电流和磁场流被限制在狭窄的渠道中。由于地球的体积巨大、空间独立、几何形状的优势,它是一个理想的导体,完全没有上述的阻碍。任何仪器,无论是通过一条还是多条电线操作的,都无需人工导体便可进行工作。

这些原则实际上都是有实用价值的。一旦被利用起来,在纽约的商人就可以直接对他在伦敦或者世界其他地方的办公室人员发号施令。他可以直接在办公桌上打电话给世界上任何一个电话用户,甚至不用更换目前使用的设备。无论你在海上或陆地,使用这个经济小巧的仪器,都可以听到来自任何地方的音乐、歌声、政治领袖的演讲、科学家的演说,或者一位雄辩牧师的布道。同样,任何图像、字符、图画或印刷品也可以从一个地方传输到另一个地方。我们可以制造成千上万的这种仪器,而只需要一个工厂。然而还有更重要的一点就是,以无线的方式传输大量的电能。

这也就是为什么我会觉得无线电艺术会大放异彩的原因。无线电带来的可能性超过了以往的任何发明或发现,如果条件成熟的话,我们绝对可以期待无线电在未来几年的应用将会带来奇迹。

Part B
文章、演讲及其他

与行星对话[1]

地球又从何而来？有谁能知？谁能给大自然的奥妙设定限度？如果我们能够清晰地洞察世间万象的复杂运行机制，也能够追溯其深层的动因，或许我们能在地球自离开宇宙母体后的每一次悲伤的震动中找寻踪迹。

然而，在这个理性年代，与某一星球进行沟通的想法惹人嘲笑，这不足为奇。首先，有人认为生命存于其他星球的几率很小。

---

[1] 本文最初发表于1901年2月9日的《科利尔周刊》。作者尼古拉·特斯拉。

但我从来不认同。在太阳系中，或许只有两个星球——金星和火星——能够维系如人类这样的生命体，但是这并不意味其他形式的生命体不存在。在没有氧气的环境下，化学反应也有可能进行，况且，对于有机体的生命维系是否必须依赖化学反应这一点，我们还不能妄下定论。我认为生命体必然会发展到一种无需营养，也不会被外界持续限制所束缚的状态。一个生命体为何不能直接从环境中汲取维持生命所需的能量呢？为什么一定要通过获取食物的方式，经过复杂的过程才能将化合物的能量转化成维系生命的能量呢？

如果有这样的生物存在于某一星球，且我们对这个星球毫无认知，我们无需做太多天马行空的假设，我们可以展开想象：在一个大气层稀薄、水分缺乏又十分冰冷的星球上，这里的有机体为适应环境改变了相应的机能，这种形式的存在，凭世人现有的认知来说是不可能理解的。当然，我也承认，如果任何一种灾难突然降临，那么所有的生命过程都将终止；但是，任何形式的环境改变，都应当是一个循序渐进、持续数年的过程，我们也能够在这个过程中逐渐预测到这种环境改变的最终结果。我坚信适者生存的法则，我认为他们会适应周围环境的持续变化。所以我相信，在一个冰冷的星球，就像我们的月球上，不论是在它的表面或者它的内部，总有生命存活着。

Part B
文章、演讲及其他

向一亿英里外发出信号！

曾有人争论，发送超越 5500 万英里或一亿英里的信号是人力和人智所不可及的。这一论点放在以前可能是正确的，但如今却非如此。那些热衷于星际通讯课题的人们把信念放在光射线上，认为这是实现星际通讯的最佳媒介。诚然，光波因其持续性的极高速率，能比其他低速波更快地穿越空间，但单单考虑一下就能发现，目前在地球与太阳系其他星球之间的信号交换是不可能的。为方便说明，让我们设想一下，在 1 平方英里的地球表面——即从其他世界用最好的望远镜可以观察到的最小区域——覆盖着排列紧凑的白炽灯。当这些灯点亮时，就能形成持续的光束。点亮这片区域的电灯，需要不少于一亿马力的能量，它数倍于全世界人类所用的能量的总和。

但是，使用我提议的全新方法，就能轻松地实现，使用不超过 2000 马力的能量，就能把信号传输到像火星这样的行星上，且其精确度和可行性如我们使用线路从纽约向费城发送信息一般。这些方法是长期不断的研究和循序渐进的改良的成果。

大概十年前，我就认识到以下事实：远程输电并不需要使用回程线路，且任何大小的能量都能通过单线传输。我用数次实验证实了这一原理。在当时的科学界，这一发现引起了相当大的关注。

　　明白了这个原理之后，我就想用地球作为传导电流的介质，从而弃用线路和其他所有人造导体。此后，我又倾向于使用无线的能量传输和电报传输系统，对此，我在1893年就有过描述。开始，在研究如何通过地球传输电流时，我遇到了巨大的困难。当时，我手头只有几件普通的设备，而且这几件设备对我的研究并无用处，所以很快地，我就开始集中全力研究特殊的机器设备，以使之能帮助我完成这项研究。

尼古拉·特斯拉位于科罗拉多的实验室中，一位实验参与者坐在里面。特斯拉发明的放大反射机产生的高达几百万伏的电压和长达7米的电弧

Part B
文章、演讲及其他

    花费了好几年时间、克服了重重困难之后，我最终成功地制造了一台机器。简单来说，这台机器的功能就像是一台泵，从地球吸取电力，然后以同样的速率回输，从而产生纹波或者说电磁干扰，就像通过电线一样通过地球，且能送达远处的被精心调试过的接收线路。用这种方法，我们不仅可以轻易地发出信号，更主要的是，还能远程传输大量的能量。我确信，这种无线传输最终一定会实现，它会被用在工业领域，帮助我们克服空间障碍，成为高效、经济、便捷的传输工具。

在科罗拉多州的多次试验

    此后，我前往科罗拉多州，继续深入我的这些开发和研究，并开拓了其他的研究方向。其中有一项研究，我认为其重要性要超过无线能量传输。我在派克峰附近建造了一座实验室。科罗拉多山纯净的空气条件对我的实验极为有利，实验结果也让我很满意，同时也使我能完成比在纽约更多的体力和脑力工作。在之前的实验中，我几乎无法在二三十英寸的距离产生火星；但在这里，却在超过一百英寸的距离毫无困难地实现了。在以前，我们只能获得不到几百马力速率的电流运动，在这儿，我却制造出了十一万马力速率的电流运动。在此之前，我只能获得微弱的电压，在这儿却达到了 5500 伏特。

很多人士都在质疑我的研究，甚至质问我意欲何为。但是，很快，我实验的实用成果就将昭示于世，其影响也将散布各个角落。最直接的结果之一就是无线的信息传输能跨越海洋或大陆而达到远方。我用关键性实验证实了我的系统的实用性，即无论距离多么遥远，我们都能从地球的一个点向另一个点发送信号。很快，我便能让那些现在依旧对我的研究持怀疑观望态度的人心服口服。

我有理由为自己庆幸，因为很多实验都是极端精细和危险的，而在整个过程中，我和我的同事们都没有受到伤害。工作于强大的电震荡之间时，经常能看到最不可思议的现象。由于这些电磁震荡的干扰，真真正正的火球会突然一跃而出，如果有人在其轨迹范围之内或附近，就会遭受灭顶之灾。像我所用的这样一台机器，能在顷刻间消灭三十万人。我观察到，我的助手们承担了极大的压力，有好几个人因为无法承受这种压力而差点崩溃。但是，如今这些危险已经全都没有了，尽管设备的功率很强大，但却不存在任何风险。

我在改良这些机器的同时，也在完善监测微弱效应的方法。其中最有趣也最实用的成果之一，是发明了一项设备，它能够监

Part B
文章、演讲及其他

测从几百英里外袭来的风暴的走向、速度和覆盖范围。对于未来的气象学观测与调查、海军装备等，这项发明具有极高的价值。

随着这项研究的展开，我第一次发现了那些神秘效应，并对它产生了浓厚的兴趣。现在我已经改进了上述设备，从我科罗拉多山间的实验室，我能够感受地球的脉搏，能察觉到七百英里半径内发生的每一处电流变化。

因成功而惶恐

我永远也忘不了第一次发现时的感受，当我领悟到我的发现可能会给人类带来的不可估量的影响时，我感觉自己就像见证了新知识的诞生或重大真理的揭示。直到现在，我有时也会真切地回忆那个场景，就好像看到那些设备就在我面前。第一次的发现令我惶恐不已，当时是深夜，实验室里只有我一个人，我觉得自己仿佛发现了某种神秘的甚至是超自然的力量。但在当时，我还没能想到这些电磁干扰预示了智能操控的出现。

我观察到的变化是周期性的，有着清晰的规律可循，但这种周期变化的原因却让我摸不着头脑。当然，我很熟悉由太阳、北极光和大地电流产生的电磁波干扰，而且我非常肯定，这些变化不是由以上任何一项造成的。我的实验排除了大气干扰造成变化的可能性。一段时间过后,我才茅塞顿开,我所观察到的干扰可能源于某种"智能的控制"。我越来越强烈地意识到:我是第一个听到一个星球向另一个星球打招呼的人。这些电子信号背后存在着一定的目的;我对此坚信不已,所以当红十字会让我预测下一个百年可能的伟大成就之一时,我就宣布:对这项星球级对话的确认和解释。

当我回到纽约,更紧急的工作占据了我所有的精力,但我从未停止过思考那些在科罗拉多的实验和观察。我不断改进和完善我的设备,并从我被迫中断的地方重新开展我研究的主线。

与火星人交流

现阶段,在制造可向火星传输信号的机器方面没有不可逾越的障碍,在接收火星居民向我们发出的信号方面也没有重大困难——如果火星居民中有熟练的电学专家。

一旦建立沟通,即使用最简单的方式,即使是仅限于数字的交换,也能很快建立更为高级的交流进程。当我们能反馈"4"作为对信号"1,2,3"的回应时,就能实现对信息接收和交换的绝

Part B
文章、演讲及其他

对确认。火星人,或者向我们发出信号的其他星球居民,就会马上明白我们收到了他们穿越空间鸿沟的信息,并能发回反馈。用这种方式来传送信息虽然相当困难,但并非不可能,而我已找到了实现的办法。

这对世界的震撼该是多么巨大!那么,还有多久才能实现?每一个思考者都应该明白,不久这一定会实现。

宇宙的力量如何塑造我们的命运[①]

每一个生命都是推动宇宙运转的引擎,虽然它看起来只能对周遭事物产生影响,但实际上这种影响的范围却是无限大的。在无垠宇宙中的每一个星座、星云、恒星、行星,甚至星空下的漫步者,都会对其他事物产生影响——当然,这里所说的并不是虚无缥缈的占星学,而是严肃认真的自然科学。

不仅是上面提到的这些,世界上的一切,包括我们身体里存

[①] 本文最初发表于1915年2月7日的《纽约人》杂志。作者尼古拉·特斯拉。

Part B
文章、演讲及其他

在的元素,都会产生相应的影响。无论多么微小的力量所产生的作用,都会影响宇宙的平衡,带来相应的后果。

赫伯特·斯宾塞认为,生命就是一个持续调整以适应环境的过程。这个定义体现出了生命令人难以置信的复杂性,符合先进的科学思维,但可能并不足以全面表达当今的观点。对于生命法则和谜团的探索越多,我们对于自然及其演化过程的了解就越深入、越广泛。

在智慧发展的早期阶段,人类仅仅对于宏观宇宙有肤浅的了解,而对微观世界则一无所知,不了解组成微观世界的分子,不了解组成分子的原子,更不了解原子内部电子的微小结构。对于那时候的人类来说,生命就像是自然而然产生的行为和动作,植物并不会告诉我们它做了什么——能够生存,拥有感觉,感受痛苦,享受欢愉,努力存在。但我们不仅发现了这一切,还认识到即使是无机的死物,也会对刺激做出反应,这一发现确凿地证明了生命本源的存在。

因此,一切存在的事物,不论有机或无机,活泼或稳定,都会受到外部刺激的影响。万物并无差别,延续且统一,受到同样法则的支配,宇宙中的一切都是有生命的。斯宾塞提出的重要问题"无机物是怎样变成有机的生命的"也因此得到了解答。是太阳的光和热创造了生命。只有在宇宙空间的无边废墟中,在永恒的黑暗和寒冷中,才不会产生任何生命。如果达到了绝对零度,一切都将灭亡。

人类是一台机器

我们能够感知的这个宇宙,像一座钟表在不停转动,却没有机械呆板的工作原理,反而像宗教一样充满了艺术气息——这样的混沌和美丽促使人类的思维竭尽所能地冲破有形的束缚。当我们对自然有了更深入的了解,并意识到我们所掌握的知识都是正确的,就会感到无比地兴奋。

17世纪伟大的法国哲学家笛卡儿,运用哈维有关血液循环的研究,为生命机械论奠定了最初的基础。他认为动物都是无意识的机器,而人类虽然相对更加高等,也有着和机器一样的工作原理。他甚至试图解释记忆的物理机制。但在这一时期,人体的许多功能尚未发现,因此他的一些假设实际上是错误的。

自那时起,解剖学、生理学以及其他科学分支都取得了重大进展,对于人类这台机器的运作原理的研究也日渐深入,但只有很少一部分人能够把他们的行为同外部因素联系起来。经过多年的细致探索与观察,我发现了以下这些需要时刻牢记的重要

Part B
文章、演讲及其他

事实:

1. 人类的一切行为都会受到外界的影响,虽然人类具有自己的思想,但真正控制其行为的却是外部因素。人本身只不过是汹涌波涛中的一叶扁舟。

2. 人类并不具有永久的记忆,我们所谓的记忆只不过是由于重复刺激而产生的反应。

3. 笛卡儿认为大脑是一个存储器,这种观点是错误的。大脑并不能进行永久的记录,不能存储知识。知识就像回声一样,是在碰撞中才能产生的。

4. 一切知识或概念都是通过眼睛观测得到的,有一些能够直接投射在视网膜上,也有一些需要进行二次反射。其他的感觉器官只能产生并不真实存在的感受,无法形成概念。

5. 笛卡儿学派认为感知是虚幻的,而实际上,眼睛传达给大脑的是真实而准确的外部事物形象。这是因为光线沿直线传播,外部事物能够精确地投射到视网膜上,而视神经的工作原理又保证了图像不会在传输至大脑的过程中发生扭曲。此外,这一过程一定是可逆的,大脑中的概念能通过反射作用在视网膜上重现原本的图像,正如回声是原声的重现。如果这一观点能够被实验证实,这将是整个人类发展史上的重大成就。

被命名为"特斯拉"的小行星

自然的力量影响人类

如果这一切都是正确的,那么我们可以研究一下自然力量所产生的影响。人类作为一台由敏锐且精巧的器官组成的奇妙又复杂的机器,生活在不停旋转的地球上。为了简化问题,我们可以假设地轴与黄道垂直,有一个体重160磅的人在赤道上以每秒1520尺的速度随着地球自转而旋转,这样的运动将使他产生

Part B
文章、演讲及其他

5,780,000 尺磅①的机械能,相当于一颗一百磅的加农炮弹所能产生的能量。

该动力以及向上的离心推力是固定不变的,约为 0.55 磅,这两种力量都不会对此人的生理机能产生任何重大影响。太阳的质量是地球的 332,000 倍,距离为 23,000 倍远,将会对此人产生 0.1 磅的引力,使此人的体重随地球旋转产生相应的变化。

虽然这个人并不会感受到这种周期性的变化,但他的确会受到影响。

地球以每秒 19 英里的惊人速度围绕太阳旋转,这个人因此也具有了超过 25,160,000,000 尺磅的机械能。德国造的世界上最大的枪以 3700 尺/秒的初速度射出重达一吨的子弹,所产生的能量也只有 429,000,000 尺磅。这个人由于地球公转产生的动能是其 6 倍,一分钟能产生 762,400 马力。如果这种运动突然停止,此人将瞬间爆炸,释放出的能量能够将一颗超过 60 吨重的子弹射出 28 英里远。

但这种巨大的能量并不是恒定的,而是随着此人与太阳的位置变动而变化。地球自转使此人每秒移动 1,520 英尺,使得其

---

① 1 尺磅相当于把 1 磅重的物体提升 1 英尺的高度所需要做的功。1 磅 =0.45359237 千克;1 英尺 =0.3048 米。下文中所说的"尺"都是"英尺"。

特斯拉传
NIKOLA TESLA'S BIOGRAPHY

在空间中以 19 英里/秒的平移速度发生变化，在一个 24 小时的周期内，这种能量差异大约为 1,533,000,000 尺磅，这也就意味着能量流会通过某种未知的方式以 64 马力的功率在此人体内进出。

除此之外，整个太阳系还以大约 20 英里/秒的速度向遥远的武仙座方向运动，由此产生的能量变化可达 1000 亿尺磅，这是一个令人震惊的数字。实际上，倾斜的轨道平面以及其他永久或暂时性的质量作用使得这种机械效应更加复杂。

另外，这个人同时还受到其他力量的影响。他的身体带有 20 亿伏特不停涨落的电势，身处的地球充满了电子振动。随着气压条件的变化，他需要承受 16 吨到 20 吨的大气压。太阳粒子周期性的爆发使他不时接收到太阳散发出的光能，这些能量以平均 40 尺磅/秒的速率，像手帕纸一样轻柔地拂过他的身体。空气流动产生的声响敲打着他的耳膜，地壳的持续运动使他不停摇晃。他感受着巨大的温度变化，承受着雨打风吹。

在这样一种连铸铁都会毁坏的恶劣环境中，精巧的人体引擎是如何以一种特殊的方式来创造奇迹的呢？如果所有的人都完全相同，那么他们就会做出同样的反应，但事实并非如此。人们对于一些经常出现的状况会有相同的反应，但其余时候则有所不同。

Part B
文章、演讲及其他

两个电子系统在受到同样的影响时也会产生完全相反的表现。两个人也是一样。每个人都会进行周期性的睡眠，但这并不是一种必不可少的生理需要，就好像机器不需要停歇。人在夜晚睡觉是由于地球白天的运转，这也从某一方面证明了机械论是正确的。万物都有自己的韵律，它存在于我们的思维中，存在于金融和政治运动中，存在于一切智力活动中。

战争是如何开始的

质量惯性的物理系统给这一理论提供了更加有力的证据。如果我们相信这个理论从根本上是正确的，并且如果我们能够感知周遭的一切，那么一切关于人类生命的表述，不论多么不同寻常，都能得到合理的解释。比如以下这些情况。

我们的眼睛只能感受到某个特定范围内的光的振动，但这个界限却并不明确。超过这个范围的振动依然能够影响我们的眼睛，但影响的程度更浅。所以有些人能够在黑暗中或者隔着障碍感受到另一个人的存在，有些人把这种现象称为心灵感应，但这种思维传递的说法显然是无稽之谈。

受过训练的观察者很容易就会意识到，心灵感应实际上是受到了别人的误导，或者是一种巧合，就如同喜欢音乐和模仿的人听力更加敏锐一样，他们往往会对别人听不到的机械冲击或振动产生反应。

另一个相关的例子是跳舞，也就是根据韵律进行特定的肌肉收缩和身体扭曲的行为。舞蹈的流行可以用环境的周期变化来解释，这种变化以机械、电子或者其他形式，通过空气或者大地进行传播。

战争、革命以及类似的社会变革也是由同样的原因引起的。

战争永远都不是因为人类武断的行为而引起的，虽然看起来可能是这样。

战争的产生一定或多或少受到宇宙力量的干扰，尤其是太阳。

有史可循的许多国际冲突都是由于饥荒、瘟疫或者灾难引起的，这些都显而易见地受到了太阳的影响，但大多数时候潜在的真正原因却多种多样，无迹可寻。

很难证明现代战争不是因为某些个体有意识的行为而造成的。在日常生活中被反复验证了的机械论，则明确地证实了这一切都是因宇宙动荡而产生的。

这也产生了另外一个问题，即战争和地震是否密切相关。地震会对人的心理产生影响，从而有可能引发战争，但除此之外二者并无联系，虽然二者可能是由同样的原因造成。

Part B
文章、演讲及其他

我们能够确信的是，地球有可能会因为现代战争所产生的机械效应而产生震荡。这可能是一个令人震惊的说法，但却很容易解释。

地震通常由两种原因引起——地层内部爆炸或者陆地结构调整。前者我们称作火山地震，会释放巨大的能量，但一般很难引发。而后者我们称为构造地震，相对而言释放的能量较小，轻微的地壳振动就有可能引发。库拉布莱岛的频繁地震就属于后者。

战争与地震

有人可能会认为，如果有人在地震到来之前想到了地震，随后地震发生，那么他可能会认为地震是因为他的想法而产生的，但从理论上来说，地震只不过是因为能量释放刚好越过了平衡点而引起的。对于这种位移所释放的能量存在一个典型的错误，在最近的一次非同寻常的地震中，震动波及了非常广泛的区域，释放了大约 65,000,000,000,000 尺吨的能量。假设全部能量在一分钟内释放完毕，也仅仅相当于以 7,500,000 马力做功一年。这个数字看起来很大，但对于地震来说很小。落在这么大范围内的阳光的能量是这个能量的一千倍。

地雷、鱼类、迫击炮和枪弹的爆炸会对地面产生几百甚至上千吨的反作用力,令整个大地都为之震动,如果产生共振,则有可能极大地放大这种效果。

地球是一个比钢铁更为坚硬的球体,每隔一小时四十九分钟振动一次。如果这种震荡在适当的时候发生,这种联合作用将会在地球的任何一个角落引发结构性地震,发生在法国的爆炸将在意大利引起灾难。人类毫无疑问会为了满足自己善意或恶意的目的,利用共振造成这种陆地运动,这种情况可能不久就会成为现实。

Part B
文章、演讲及其他

人类将得益于科学进步 [1]

尊敬的先生：

由于琐事缠身，对于您的厚爱，未能提前致谢，在此深表歉意。13 日刊登在贵报的社评得到了这个领域顶尖学者的点评和赞扬，这给了我在学术道路上不断前进的强大动力和勇气。

下面请允许我简单描述一下我在你们涉及的领域做出的努力。

---

[1] 本文是尼古拉·特斯拉于 1898 年 11 月 9 日写给《纽约太阳报》的一封信，最初发表于同年 11 月 30 日的《纽约太阳报》。

以尼古拉·特斯拉命名的街角，位于纽约曼哈顿西第四十大道和第六大道之间

首先，我必须要对我的前辈——赫兹博士与洛奇博士表示由衷的感谢。站在他们的肩膀上，我才得以通过自身的努力发明了经济实用的照明系统，并有机会于1891年在哥伦比亚大学做演讲时将它公诸于世。

我的想法是，虽说没有热就不可能有电的存在，但我们完全可以制造一种比白炽灯更有效率的灯。在这个设想的基础上，我要做的第一步就是找到一些实用的方法。首先，我可以把照明电

Part B
文章、演讲及其他

路中的普通电流转化成高运转的电振动。这个方法经济实用，难度自然也不小。因此，如果非要另辟蹊径的话，增加电流强度是一个好方法。运用这个方法，我取得了成功。我不敢说我的这些方法会取代前人的智慧结晶，我唯一能肯定的是，它们总有一天会有用武之地。

很久以前，我就有了在工业领域利用太阳能的想法。但是有一点我必须承认，我在很久之后才发现了旋转磁场，直到那个时候，将太阳能运用于工业的想法才算真正地在我脑海中根深蒂固。在不断探索的过程，我找到了两种解决问题的方法。一种方法是通过转化太阳光能来获取太阳能；另一种则是通过将蓄水池的巨大能量传送到不同的地方来获取能量。虽然其他方法也很经济实惠，但是只有这两种方法能保证不消耗任何材料。

最近，我创建了无线功率传递系统，灵感则来源于我之前提出的第一个方法。地球是宇宙空间中的绝缘导体，人的身体在没有获得地球等量电力的情况下也是无法被充电的。基于这两个客观原理，我着手发明了一个可以代替地球电力的装置。

这个装置能够不断地被充电，以便改变土壤中的电力，最终使它的表面充满压强。装置里面只有一个泵，用来不断地将蓄水池的水输送到小蓄水池中。我的计划是，主要运用这种方法将信息发送至远处。除此之外，我还详细阐述了这个方案，并指出在那种特殊的情况下，能够确定地球电气条件具有多么举足轻重的作用。这个方案最吸引人的地方就在于，信号强度随着距离的变化并不会减小太多，甚至根本就不会减小。

在我看来，这个方案无疑为人类伟大的无线电报的发明奠定了坚实的基础。或许这个说法还有待精确数据的检验，但是它并不会因此贬低其他发明创造对无线电报的诞生所做出的贡献。相反，我十分荣幸可以向我的前辈们表示衷心的感谢。赫姆霍兹曾质疑我能否发明可以产生百万伏特的高压的装置。这个担忧似乎从一开始就不存在，因为我有幸在很短的时间里掌握了这个装置的操作原理。也正是在之后不断完善它的过程中，我迎来了解决所有问题的转折点。后来我还发现，由普通装置产生的空气是一种绝佳的绝缘体，它能够被轻易地穿过，从而产生高达 2,500,000 伏特的电压。通过进一步的研究和分析，我得出了另一个有价值的结论，那就是空气越稀薄，它的导电性就越强。在克服了这些主要的障碍之后，接下来我需要关注和解决的就只剩下技术上的难题了。

关于我的最新发明，在此我想要解释一些已然被大家忽视的细节。正如我一直强调的，我的所有观点和灵感都完全来源于我的抽象思辨能力。我在努力构建一个类似于人体的力学模型，并期望在这样的指导下构建出一个控制装置，抑或一个对某些波动

Part B
文章、演讲及其他

十分敏感的器官。

一开始,我对这个想法产生强烈的兴趣完全是出于对科学本能的热爱。直到后来我才发现,我已经在不知不觉中改变了现有的事物和实验条件。我迫切地希望这样的改变是百利而无一害的,否则我宁愿从来没有做过这样的发明。

未来我是否会因为一些发明的失误而被定罪,我不得而知。然而我必须告诉世人,虽然目前我很难预见自己的未来,但是时间会证明,我所做的一切将永远保持我自身的价值。我们将得益于人类的科学进步,因为科技将成为我们生活的一部分,为我们带来源源不断的幸运和福祉。同样,科技作为人类的武器,它的某些主要特质不容忽视。例如,它很可能会被用于某些特殊的用途,与人类的幸福背道而驰。总而言之,一种发明的诞生不可能满足人类的所有正向需求。这就是科技的本质。

Part C

他人眼中的特斯拉

NIKOLA TESLA'S
BIOGRAPHY

Part C
他人眼中的特斯拉

人类的未来与蜜蜂[1]

举世闻名的科学家尼古拉·特斯拉说：人类未来的生活形态将与蜜蜂相似。

一个以女性为主导的新性别秩序即将来临。通过简单的袖珍设备就可以实现即时通讯，无人驾驶的飞机将在无线电的驱动和操控下翱翔天际，巨量的电力将实现远距离的无线传输，地震将

---

[1] 本文最初发表于1926年1月30日的《科利尔周刊》，作者为美国著名电台记者约翰·B.肯尼迪。

特斯拉传
NIKOLA TESLA'S BIOGRAPHY

会越来越频繁，温带地区将变成极寒或极热。特斯拉说，这些令人惊叹的改变和发展离我们其实并不遥远。

时年68岁的尼古拉·特斯拉在他的书房里静静地坐着，审视着这个因他而改变了的世界，并预测着那些随着人类的不断进步而必将出现的改变。这个男人高而瘦，喜欢穿暗色衣服；看似清心寡欲，但他观察生活的目光却坚定又深邃。他拥有奢华的物质条件，自己的生活却十分贫乏。他近乎偏执地控制着饮食的搭配和分量，忌讳除了水和牛奶以外的所有饮料，而且成年后便再不沉溺于烟草。

晚年的特斯拉

他是一个工程师，一个发明家，还是一个哲学家。而且，即便他痴迷于研究怎样用天才的头脑来实践书本上的知识，他也从未放弃过了解现实生活中的人生百态。

在上一个骚动的世纪，这个世界经历了太多的惊奇。而未来即将出现的奇迹，必将是前所未有的，也一定会让所有人都无法

Part C
他人眼中的特斯拉

抑制地感叹。50年前的人无法想象我们现在的生活，而我们也无法想象50年后的世界将会有多么不同。

特斯拉来到美国时很年轻，而且他的发明天才很快便得到了赏识。通过革命性的电力传输设备，他很快发家致富，随后便开始在全国各地建造工厂，先是纽约，然后是科罗拉多州，后来在长岛。他在这些工厂里做了无数实验，并催生了电气科学上几乎所有大大小小的进步。开尔文爵士给特斯拉（在他还不到四十岁的时候）的评论是：他在电气研究方面的贡献，无人可出其右。

"无线系统的出现，"他说，"几乎消除了距离的概念。因此，电力技术的创新给人类带来的利益远远超越了以往的任何科学发现。因为很大程度上来说，人类的痛苦都来源于空间的阻隔，它造成了国家和个人之间无法亲密接触。

"通过信息的传播、物质的运输和能量的输送，无线电将实现人类之间更紧密的联系。

"如果能够完美地应用无线电，整个地球就会被转换成一个巨大的大脑。不论距离如何遥远，我们都将能与他人即时联系。不仅如此，我们还能通过电视和电话看到并听到对方。即便相距千里，我们也可以像在面对面交流一样；而实现这一点的工具，与我们现在的电话相比，将会显得更惊人的简单，甚至能直接装到你的马甲口袋里。

"我们将能亲眼见证或亲耳听到大事件——例如总统就职演说,世界系列比赛的举行,地震的巨大破坏力或战争的恐怖——就像亲临现场一般。

"电力无线传输的商业化将带来运输和传输方式上的革命性变革。我们已经实现了电影的短距离无线传输,很快,或许是几年内,这个距离可能变成无远弗届。30年前,我们成功地通过电报实现了图片的传输,这种传输现在仍是有线的。一旦电力的无线传播得到普及,这些现有的传输方式将会显得无比原始,就像电力机车出现之后,蒸汽机车变成老古董一样。"

女性——实现自由、成为主宰

所有的铁路都将实现电气化。如果有足够的博物馆来保存,现在这些蒸汽机车头,到了我们儿孙那一辈,都会成为荒唐的老古董。

"无线电力最有价值的应用,应该出现在对飞行器的无线推进上。一旦不再需要携带燃料,飞机和飞艇将不再受限于任何现存的飞行条件。从纽约飞到欧洲只要几个小时,很大程度上,国家的边界将被抹杀,地球上不同种族之间的统一及和谐共存将出现

Part C
他人眼中的特斯拉

长足进步。无线技术不仅能为交通不便的区域提供能源，还有利于在政治层面有效地协调国际利益，有利于国家之间的相互理解。

"现存的电力传输系统将成为过去时。鉴于电力的无线传输几乎不受水的影响，只有现存发电站一半或四分之一大小的集成中转电站，将成为海底传输电力的基础。"

特斯拉先生也预言了日常生活将出现的巨大变化。"现在的无线接收设备，"他说，"将被更简单的设备取代；静电以及各种形式的干扰都会被消除，发射和接收设备可以在无干扰的情况下运作。在未来，很可能每个家庭平时阅读的报纸，都是晚上在家里通过'无线'打印出来的。住宅管理——热力、照明和家用电器——都可以通过无线技术实现无人化操控。

"我认为飞行器的发展将会超越汽车，而且我希望福特先生可以更努力地推动这一发展。如何提供足够的停车场和道路来满足商业和娱乐出行的需求一直以来都是城市的问题，而这一问题将得到解决。大型停车塔将在大型城市出现并解决停车问题。而当人们依赖的主要出行工具从汽车变成飞行器之后，道路就不再是必需的存在。

"地球内部储存的热能注定要被利用到工业上。20年前，我写了一篇文章，设计了一个流程，将大气层吸收的太阳热能部分转化给人类使用。有专家武断地认定我提出的是一种永动机方案，说我的尝试是徒劳无功的。但我认为我是经过深思熟虑才提出了这个完全合理的方案的。"

特斯拉先生将女性的崛起视为未来最重要的变化之一。

他说:"经历了世界大战的各种刺激之后,训练有素的观察者,包括那些未经世事的人都意识到,延续了几个世纪的性别歧视在世界各地都受到了来自崭新观点的挑战。

"女性为争取性别平等而进行了抗争,她们将建立一个新的、以女性为主导的性别秩序。现代女性的崛起仅仅是两性战争的表面症状,下面还酝酿着更深层次且更强有力的东西。女性对于自身的平等及性别优势的坚持,不仅仅体现在表层上的对男性身体的模仿,更体现在深层次的女性智慧的觉醒。

"女性在社会中的从属性延续了无数代,这种禁锢自然而然地导致了女性心智的部分萎缩。但我们现在知道,女性的智力水平原本并不低于男性。"

女王是生活的中心

特斯拉进一步说:"女性展示出来的心智能力,完全可以与男性的精神成果和成就相媲美。如果这种能力能够代代相传,未来

Part C
他人眼中的特斯拉

女性的能力肯定会进一步提高。在未来，普通女性的教育将会与普通男性持平，甚至会超越后者。在过去的几个世纪，女性的大脑都处于休眠状态，但是在未来，在刺激之下，她们的大脑将变得强大。摆脱了传统的束缚之后，女性的进步将会震惊全人类。

"通过自身努力，女性将能够更多地认识新领域，获得领导权，并在此过程中逐步减少并最终消除女性的情感，抑制其母性的本能；这会让她们极其厌恶婚姻和生儿育女这类在男性统治秩序里女性必须履行的职责，而这会让人类的文明形态越来越向蜜蜂靠拢。"

蜜蜂族群是一种高度组织化和智能化的动物生活形态协调系统。在这个系统中，蜂后天生具有的支配霸权保证了母系至高无上的权力能够实现。因此，所有蜜蜂都只为蜂后而活。但是，蜂后对蜂巢的统治权不是世袭的，任何一个蜂蛹都有可能孵化出蜂后。她的主宰权，体现在整个蜂巢中的蜜蜂都是她的子孙后代。

关于未来，我们只能畅想

蜂巢中的工蜂群数量巨大但无生育能力，它们的唯一使命和幸福都源自于艰苦的劳作，这堪称是集体主义和社会化劳动的最完美示例。蜂巢中所有的一切,包括蜂蛹,都是共同财产。

　　蜂巢中还有未经交尾的处女蜜蜂和公主蜜蜂,它们与蜂后一同孵化,并被选为蜂后的备胎。一旦选中的蜂后没有产卵能力,它们便可能成为新的蜂后。蜂群中也有雄蜂,数量极少且生活习性不洁,蜜蜂族群之所以容忍它们的存在,仅仅是因为需要它们与蜂后交配。

　　当蜂后的婚配时机成熟时,雄蜂们就要经历一场组织严密的生死竞争。蜂后飞出蜂巢后,大群的雄蜂会紧随其后飞起。蜂后是整个蜂巢中最强壮的,比她的任何下属都要强大。她会在空中盘旋着一路向上飞,大群的雄蜂紧跟其后。在向上飞的过程中,许多雄蜂会因为精疲力竭而跌出追逐阵营,蜂后会一直向上飞,直到追逐她的雄蜂只剩下一只为止。亘古不变的自然选择法则告诉她,这只仅剩的雄蜂是最强壮的。在与蜂后交配后,雄蜂会身体分裂并死去。

　　受精后,蜂后会带着肚子里成千上万的卵回到蜂巢,并随即开始衍生下一代蜜蜂群体的繁殖周期。

　　拿人类的未来与蜜蜂这种注重奉献的族群形态相比,这恐怕已经超出了许多人的想象力。但随着女性智力的不断提高,在她们成为主宰之后来考虑人类的繁衍,其最终表现形式可能会与蜜蜂极其类似。这个结论看似极其荒诞,但却有可能成为现实。不

Part C
他人眼中的特斯拉

过,在这个逐渐向蜜蜂靠拢的过程中,人类固有的生活习惯必将成为阻碍。打破这些阻碍可能需要许多个世纪的时间。

我们这些老年人只能梦想,而年轻人则从一开始便可以拥有丰富的想象空间。今日的我们,只能静坐畅想,当特斯拉这样一个科学家拥有发言权后,世界将会变成怎样。

闪电球与死亡射线[①]

当特斯拉站在科学家的角度看待战争时,他认为,战争无论在道德、经济、现实和理论角度都是不正确的。但和大多数科学家一样,当他脱离科学家的角色时,他的情感又使他认为有些情境下的战争也不无道理。作为一名科学家,他不希望自己的发明会被战争者所利用,但他的情感又使他愿意让自己的发明创造被合理地利用,作为保护自我的仪器。

[①] 本文节选自约翰·J.奥尼尔未发表的著作《挥霍的天才》第34章。

Part C
他人眼中的特斯拉

以下一些论述是特斯拉在20年代书写却没有出版的，从这些论述中表现了特斯拉的这一态度。

如今，世界上许多最有能力的人都在试图阻止战争的再次发生。我在1914年12月20日

特斯拉手持两个电光火球正在玩杂技

的《太阳报》上也曾经预测过战争的持续时间和主要争端。令人遗憾的是，为了守卫和平，我们采取了战争这种破坏性的措施。可能在若干年以后，国家之间的战争甚至都不需要军队、舰队或枪炮，未来的武器将更具杀伤力。到那时，无论距离多远的城市都能够被它摧毁，没有任何力量可以阻止。如果我们要避免这种灾难的发生，避免我们的地球变成一座人间炼狱，我们必须立即利用国家的所有力量和资源发展飞行器和无线能量传输设备。

特斯拉传
NIKOLA TESLA'S BIOGRAPHY

特斯拉预测到了自己的新发明中所包含的"死亡射线"的危险性。任何一个国家,无论多小,都可以利用它来抵御侵略。虽然说这是一种用于防御的武器,但谁也无法保证军队不会将它用于侵略。

我不知道特斯拉计划的本质,但我深信,这个计划中一定包含了他许多具有商业价值的发现。我认为若他能将他的某些发明投入到商业领域,将立即为他带来财富,从而让他能够继续进行他精密的计划。我力图从这个角度深入了解他的思想,以便能更全面、深刻地明白他的实际计划。

梳理了特斯拉的各种言论、文章之后,给我留下深刻印象的是,有一个阶段他谈到了战争。其实我对战争这个角度并没有兴趣,但我发现其中涉及了"闪电球"或"火球",这吸引了我的注意。我一直都对火球很着迷,任何有关火球的文章我都不会放过。

火球是一种和闪电有关的奇特现象。在一个球状物体中,聚集着能产生雷击的能量,这个球状物体大小不一,是个能发出白热光线的完美球形,像气泡一样漂浮着,很容易随气流浮动。这种火球持续时间可长可短,最长可达数秒钟。虽然火球距离地面或其他物体很近,但在能量聚集期,它不会对周围事物造成任何破坏。然后,突然间,火球会像炸药一样爆炸并对周围事物造成

Part C
他人眼中的特斯拉

毁灭性破坏。

对于我来说，火球就像电子的放大版，电子也是一个内含一定能量的球状体。如果我们能够找到巨大能量储存在如气泡般火球中的原理的话，或许我们就能够了解电子和其他物质的基础组成微粒的结构。这种能量储存的方式还可以有更多的用途。

当我期待特斯拉就此问题进行深入探讨时，他却开始对我大说有关原子复杂结构的理论。早期，特斯拉在其科泉市的实验室曾讨论过火球并解释了它的形成机制，但后来，他就再没有进行相关论述了。所以我怀疑，可能这个问题比较"敏感"，但也有可能我的猜想是完全错误的。

1899 年，在科泉市实验室的实验中，特斯拉了解了火球的破坏力。他曾不止一次地无意中制造出火球，这些火球炸碎了他实验室中的立柱并破坏了仪器。他说，这些火球也随着这些不可思议的破坏一同消失了。他研究火球产生的过程，不是为了制造它们，而是为了消除它们产生所需的条件。他说让火球在你附近爆炸可一点也不好玩，因为这东西会破坏所有它接触到的事物。

必须要利用非常琐碎的信息以及久远的回忆来重现他所描述的情况。

主环路中的寄生振荡或环路是危险源。主环路里的阻力抗点可能导致两端之间或两阻抗点之间的小幅震荡环路，这种小幅震荡环路的震荡时间会比主环路的震荡时间长，会被较低频率主环路设置进入震荡中。即使当主震荡环路受损失源减少调整，由于可能被杂乱的高频地球电流影响，火球依然可能出现。所以可以很明显地察觉火球是两个频率互动造成的，高频波为低频波提供了主环路上的自由震荡。

主线圈的自由震荡产生于零点到四分之一波长点，并经历了各种变率。在波长较短的电流里变速率会更高。当两个电流相互作用时，他们所合成的电流会包含一种波，这个波有极高的变速率，它能在极其短暂的瞬间以百万马力的惊人速率进行移动。

这个情况就像一个触发器，它可能会触发强大的长波在极短的时间内释放出所有能量，这种能量释放的速率很高，且不会只停留在金属电路内，而是以一种不可思议的激烈程度释放到周围的空间内。

当我们了解了如何用高频率的电流爆炸性地释放低频电流后，就离设计可控的爆炸系统仅有一步之遥了。特斯拉在科泉市附近的土地上用于无线传输能量的一个振荡器，将其频率设置成给定的某一战舰的回响频率。由于该船只结构复杂，它会产生非常多的回响点，高频率电子震荡将设置在这些点上。这些附生的电流

Part C
他人眼中的特斯拉

会对主电流起作用,导致火球产生,这些火球将会导致船只爆炸。这个爆炸将会比同时发生的弹药库的爆炸威力还大。另外一个振荡器将会用于传输稍短波长的电流。

后来我才了解为什么特斯拉不太愿意讨论此事的细节。这件事情发生在内维尔·张伯伦被斯坦利·鲍德温替代成为英国首相之后不久。

特斯拉透露,他曾经与张伯伦首相谈判,想以3000万美元的价格将他的射线系统出售给英国,他出这个价格的理由是,这套设备将会为英伦三岛提供全面防护以抵御敌人的海军或空军进攻,并且还可以在不需要防守的时候作为进攻的武器。他宣称,他当时相信张伯伦首相是真诚地想要这台设备,因为它本来可以阻止即将发生的战争,使法国、德国和英国继续维持欧洲的均势。当张伯伦在慕尼黑会议上试图维持欧洲大陆均势的努力失败之后,就需要一个新的首相。新上任的丘吉尔觉得特斯拉的计划没有意义,断然终止了谈判。

特斯拉对于他和英国政府的合作失败感到十分沮丧,这也摧毁了他将自认为最重要的发现付诸实践的希望。但是,他没有太过在意,除了一个简单的对话以外,他就没有再谈起此事了。后来他再也没有获得其他融资的机会来证明这些发现了。

特斯拉在谈判期间宣称有人正在试图窃取他的发明成果。他的房间曾被他人进入，他的论文被人查阅了，但小偷或者说间谍并没有拿走任何东西。这对于他来说并没有造成危害，因为他在自己的论文中并没有提及任何有关他发明的信息。他用自己的记忆力便可保存他实验的任何细节。他说，对于他后期的所有重大发现来说都是如此。

他发明的系统的本质已经不再重要，他离开了，也将它带走了。如果此生和来生之间有某种形式的沟通方式的话，特斯拉可能正在天堂注视着地球上挣扎的人类，并为我们指点迷津。但如果事实并不是这样的，那我们只能等，等人类再创造一个特斯拉。

Part C
他人眼中的特斯拉

神奇的尼古拉·特斯拉 [1]

本文是对特斯拉这位现代奇迹缔造者的采访。他能掌控阳光，发现了如何不使用电线传输电力、如何通过电话见面的方法，发明了使用电力作为肥料的手段，并最终能够制造出人工阳光。

没有人能够在参观尼古拉·特斯拉奇迹般的工厂和实验室时，能不被其中令人惊叹的东西所震撼，只有拥有最坚定的意志的人

---

[1] 本文最初发表于1899年5月的《培生》杂志，作者昌希·蒙哥马利·麦戈文。

特斯拉传
NIKOLA TESLA'S BIOGRAPHY

才能保持淡定。

想象一下你处在一个宽敞明亮、充满科幻气息的房间里,一个身材瘦高的年轻男子走到你面前,打了个响指,一个跳跃的火球随即出现在他的手中。你盯着他玩弄火球,却吃惊地看到火球丝毫伤不了他的手指。他让火焰遍布全身,落到他的衣服上,他的头发上,甚至落在你腿上,最后将其放入一个盒子里,而火焰却没有留下一丝痕迹。你揉了揉眼睛,奇怪于这不是一个梦境。

奇特的火焰奇迹般熄灭了,就像它奇迹般燃起一样,瘦高的

特斯拉关于无线电能传输的示意图

Part C
他人眼中的特斯拉

年轻人让助理们把窗户全部关上,整个房间变得像洞穴一样黑暗。然后你听到年轻人用疲惫的外国人口音说道:"现在,我的朋友,我将为你制造出白天。"瞬间,整个实验室充满了如月光般美丽又如阳光般强烈的奇怪的光。而你却无法找到光的来源,窗户上的遮光板也十分严密,没有将外面的一缕光泄露进来。

在你准备赞叹之前,年轻人按动按钮使光消失了,房间再度黑暗,直到他示意打开窗户遮光板。他们从笼中带出了一只动物,绑在一个平台上,一股电流通到了动物身上,一秒钟内,动物死去了。年轻人提醒你留意指示表上的电压只有1000伏,死去的动物被带走,他自己跳上了平台,而助理们接通了同样的电流,你大惊失色。

你感到脊背发凉,看到指示表针逐渐上升到900伏,然后是1000伏,你不由自主地闭上双眼,以为年轻人会在下一分钟死在你面前。但他一动不动。指针还在快速上升,直到升至10000伏,然后200万伏的电压倾泻到年轻人身上,他却神色不动。

在示意后,电流停止了,房间又回到了夜一般的黑暗状态。访客现在可以看到年轻人清晰的轮廓,背景则是由年轻人身体散发出的电火花形成的电光晕。整个房间再度明亮,年轻人走上前来跟你握手,你则像握住了一个强力电池一样扭曲了。这个年轻人成了名符其实的"活人电线"。

特斯拉传
NIKOLA TESLA'S BIOGRAPHY

特斯拉表演的这些花样只能给访客一个大致的概念。如果真的要欣赏这些，你就必须亲自去看、去听、去感受。这是令人一生难忘的科学盛宴，但很少有人可以享受它，因为特斯拉的实验室对外人是不开放的，只有经这位奇才的私人朋友的介绍才有机会进入。

"咳！这些都只是玩具罢了，"听到赞叹后尼古拉·特斯拉这样回答道，"这些都不值一提——它们对科学而言没有价值。跟我来，我带你看看什么才是真正的革命性的东西。"然后他带领众人穿过一大堆奇怪圆盘、一盘盘铜丝和铁丝，来到了一座石造建筑的墙边，上面是一个盛满水的玻璃筒，周围围了一圈镜子，顶部也是玻璃，阳光可以透过。阳光照射下来经镜子反射照向玻璃筒，在照到玻璃筒前又被放大镜聚焦。

"这是一个实验装置，我希望有一天能用它来掌握阳光，使这个天体能够让工厂的机器运转，让街上的车辆行驶，完成家里的烹饪，提供夜间的照明——就像它白天照亮大地一样。总之，它将取代所有的木柴和煤炭，成为一切动力、热力和电力照明的来源。"

尼古拉·特斯拉关于使用阳光来满足人们需要的计划可能是他最大胆的工程壮举，之前没有任何人做过此类尝试。尽管这个主意很棒，其原理却很简单，学校里的孩子都能轻易理解。它通

Part C
他人眼中的特斯拉

过一系列的反光镜和放大镜聚焦阳光于一点（玻璃筒），直到热量达到最高。

制造的热量加热玻璃筒，筒中的水经过化学处理，可以短时间内蒸发，蒸汽通过管道进入密室，在这里蒸汽推动一部普通的蒸汽机，机器的马力取决于玻璃筒装置的大小。这部蒸汽机则用来发电，产生的电能可以直接使用或是储存在电池中，用来在没有阳光的情况下使用。

可以看出，特斯拉的目标是在不使用木柴、煤炭等燃料的情况下制造水蒸气。他的发明呼吁了对阳光制造的蒸汽压力的使用，因为阳光制造的蒸汽产生的电能，所用的花费要远远低于煤炭发电。一旦建成了一座太阳能发电站，发电推动一百辆有轨电车所需的花费，仅仅是运行发电站的几个工程师的工资而已。

"这样一来电能就会非常便宜，"特斯拉先生说，"以至于最贫穷的工厂主都能以极低的价格使用电能。电能将以电池的形式取代蒸汽成为新的动力，包括在铁路系统、供水系统上。最贫困的公民也会由于新的供电系统获益，因为他可以用它烹饪、照明、取暖，比用煤炭、木柴或石油都更便宜。"

当然，特斯拉先生并非打算用一个发电站来制造全世界所需要的电能。他的计划是每个城镇都用税款建造一座或多座太阳能发电站，使每个工厂和家庭都能通过普通电线从最近的太阳能发电站获得电力供应。

  这项任务完成后，每个人都将感谢特斯拉带给人类的福音。它解决了困扰科学家多年的问题，就是在地下煤炭资源枯竭的 1000 年后，人类将用什么来作为能源？特斯拉想在不使用煤炭的情况下制造能量，他选择了利用阳光。

  在利用太阳能的计划之外，特斯拉还发明了不使用电线而传输电能的方法，并且可以与太阳能的使用计划相互配合。太阳能电站建成后，可以用很低的成本，通过无线的电能传输方式将电能输送到其他地方——那些无法或很难建设太阳能电站的地方。

  当然，现在人们也可以用电线将电能从一处传输到另一处，但铺设电线的费用很高，几乎与建造发电厂的费用差不多。如果使用了特斯拉的发明，用免费的空气取代电线来传输电能，从一个城市输电到另一个城市的花费就几乎为零。

  为了让空气取代费用高昂的电线，特斯拉计划在有大瀑布的地方——比如尼亚加拉——建立巨大的发电厂，一旦建成，发电的费用就可以降到最低。

  特斯拉计划在每个发电厂上面建立高塔，塔上安置巨大的气球。当电能产生之后，就经电线被导向高塔，最终到达气球，这时，电能就会被释放到空气中，在这个高度，空气相对稀薄——

Part C
他人眼中的特斯拉

特斯拉发现，稀薄的空气可以稳定地携带电能，所以电能在这里获得解放，可以被空气带到无限远的距离。

特斯拉第二步的计划是在需要的地方建立接收站。这些接收站距离发电站数英里之远，扮演接收和储存空气中自由电能的角色。每个接收站也都建立高塔，上面安装气球和吸收空气中电能的必要装备，并将电能导到地面上的接收站，再通过电线送到周边地区加以利用。

值得留意的是，在这项计划中，特斯拉是准备用瀑布来发电，而上一个计划则是用阳光。发明者认为这两个计划并不冲突。他认为，当两个发明都被广泛应用后，可以相互配合，共同为人类服务。"瀑布发电可以在自然条件便利的情况下使用，"特斯拉说，"阳光发电则可以在其他任何条件下使用。但在这两种系统中，无线传输电能的计划都能很好地得到应用。"

特斯拉所有的伟大发明，都针对实际的用途，这些发明中，关于无线电报的发明是最为先进的。特斯拉希望能建立一个公司，来建造公共发电厂。这项发明的原理广为人知，无需细致说明。大致来讲，就是将电流通入地下，在世界另一个地方的另一个设施可以感受到地下的电流并将其还原。不同的电流在接收设施上产生的影响不同，收报者则根据这些不同电流和制定好的密码解读信息。

面对着不懂科学的我，这位伟大的发明家这样向我描述了无线电报：

"想象你面前有个巨大的橡皮袋，装满了水。我将带有活塞的胶管插进去，当我推动活塞给水施压，橡皮袋会膨胀。

"当我拉动活塞，"他接着说道，"橡皮袋会依照我抽出的水量收缩。现在如果我插入另一个带活塞的橡皮管在另一端，第一根橡皮管的动作都会被第二根感受到，如果某一种动作代表一个词或句子，通过仔细观察第二根管的活塞，你就可以轻易地读出它。这就是无线电报的原理，"特斯拉说，"橡皮袋代表地球，水代表地下的电流，而管子代表发报振荡器和收报振荡器。每一种由发报震荡器产生的扰动代表一个句子，这种特别的扰动被第二个振荡器记录，收报员就知道如何解读了。"

发明家说的"振荡器"，就是绕着绝缘铜线的圆盘，铜线两端都接在圆盘中心，中心还有一个巨大的铜制圆球。这就是无线电报的所有装置。特斯拉将装置朝下来操作，将其接入电流，电火花从圆球中射出进入地下。收报振荡器则有精妙的装置，将每个地下电流扰动吸收并在特别的装置上记录下来。

特斯拉另一个迷人的发明，是他称为"视频电话"的装置。一个人只需要在一个城市看着电话的接收器，与另一个城市中的朋友交谈的同时，就能看到朋友的表情，评价他西服的裁剪，或

Part C
他人眼中的特斯拉

在发现他疲惫的神态时给他建议。这项发明的实验装置已经非常成功,原理是光波像声波一样都会在大气中产生影响。

"正如人类的声音可以通过电话传到远方,反映人类样貌的光波也可以通过另一种电话传到远方。"特斯拉先生说,"我们只需要发明出这种转换装置——因为光波的影响比声波复杂得多,所以装置也要更加复杂。硒是一种非常敏感的物质,我已经将它用在了转换装置的实验中,我发现硒完全可以满足我们的要求。"

将我们的家、办公室和街道在夜里变得像白天一样明亮,是特斯拉先生的另一项伟大使命,多年以前他就开始着手在做了。他想发明一种新的电灯,可以提供明亮而稳定的光。

毫无疑问,特斯拉已经成功造出了人造日光。他会向每个实验室的访客展示许多如同小太阳一般的玻璃球。玻璃球是空的,里面没有电线,外部也没有任何电线。它们也一点都不烫手,发出的光也不像阳光和一般电灯那样刺眼。

这项发明公布后,特斯拉会为纽约和芝加哥的许多主流摄影师的工作室提供这种人工日光。

"选择将新的日光最先介绍给摄影师,"发明家说道,"是因为我认为这些人对于光的要求是最苛刻的,如果这种日光在他们这里都行得通,那它在任何地方就都行得通。"

特斯拉关于用电为贫瘠土地施肥的计划同样独到。如果能建

特斯拉传

NIKOLA TESLA'S BIOGRAPHY

立使用这项发明的公司，农民就不用花费收入的一半来购买肥料，只需要买台电动施肥机，而不必总是要跑到附近的镇上了。

将一些松散的土壤丢进施肥机里，从机器另一头出来就可以撒在贫瘠土地的表面，如此就能确保庄稼长势旺盛。

对于这种神奇结果的原理，特斯拉先生的解释并不难理解。"人人都知道，"他说，"肥料能够使土地高产的原因是因为含有氮。众所周知，大气的四分之三都是氮气，于是我就想：'为什么农民要购买昂贵的氮，而放着随处可见的氮气不用呢？所有的农业工作者只需要找到一种将氮从大气中分离出来并放置在土壤表面的方法。'为了找到这个方法，我就开始尝试了。"

在一个非专业人士的眼里，电动制肥机仅仅是一个顶部可以拿掉的竖直的铜制圆筒，一个螺旋线圈围绕着它的整个筒身。筒的底部穿过两根电线，连接着一台特殊的发电机。经一种神秘的化学物处理过的大量松散土壤被倒入筒中，通上电，电流将空气中的氧气和氢气消除，剩下的氮气则被土壤吸收。这样，就能造出与农民们大老远跑出去买的一样高效的廉价肥料了。

本文提到的特斯拉先生的这些发明，都是已经进入实验阶段的。在这间奇迹般的实验室里，还有成百上千的发明处在早期阶段。我曾听一位特斯拉的粉丝说过，这些发明就像"半醉的上帝的梦话"——向别的星球发射信号，用电能将死尸复活，

Part C
他人眼中的特斯拉

用可怕的机器结束所有战争……这些都是从中随机挑出来的主意。

尽管尼古拉·特斯拉很年轻,他却将那些年长的科学家们认为是异想天开的设想都实现了。他的众多发明最初公布时,大多都不被科学界看好,但或早或晚,那些唱衰他的科学家都不得不承认,特斯拉证实了他们的理论是错的。

当他最初提出人们应该利用尼亚加拉大瀑布时,科学家们对他多么嗤之以鼻!但当电站正式完工时,他们都收起了自己的傲慢。在他发布"特斯拉线圈"的发明时,别人都叫他"妄想者"。然而,有少数科学家利用线圈做实验,其中一位——伦琴——发现了 X 射线。

有幸私下里看到特斯拉展示他那奇特的实验室,听到他亲自解说他的计划的人,都不会对他成功实现那些设想的可能性有丝毫怀疑。

特斯拉传

NIKOLA TESLA'S BIOGRAPHY

特斯拉,伟大的发明家[1]

他是一株高岭之花

有着敏锐的直觉

虽然交流电取得了巨大成功,但发明交流电的人却不为人所知。这个人最近遇到了很大的问题。

在其他人还对交流电毫无兴趣、对其价值和重要性一无所知

---

[1] 本文是乔治·海利·盖伊为《纽约时报》撰写的报道。

Part C
他人眼中的特斯拉

时，尼古拉·特斯拉就非常幸运地创造出了交流电系统。现在，电力系统的迅速发展保证了足够的交流电以满足当今社会的发展需求。而特斯拉也因为在过去十年中取得的无与伦比的成就，受到了人们极大的尊崇。

特斯拉并不是美国人，但这并不值得奇怪。在使美国成为电力应用最广泛的国家的历程中，许多科学家都作出了巨大贡献，这其中有很多人都出生在其他国家。贝尔、汤姆森、韦斯顿都是英国人，爱迪生是加拿大人，为建设电气化轨道做出了最重要贡献的斯普拉格是土生土长的美国人，但和他一起工作的范·德波尔、达夫特，以及其他同事，却都是外国人。特斯拉同其他许多科学家一样，把美国当作自己的祖国，在这片土地上进行自己的研究，这一点并不令人惊讶。

特斯拉与其他优秀的科学家之间存在着许多不同，这些差异也使得他最终脱颖而出。他并不具备任何明显的种族特征，而更像是一株遗世独立的高岭之花。正如高地上的苏格兰人击退了侵略者一样，生活在亚得里亚海岸高地上的人们，对于入侵欧洲的土耳其人也进行了无情的绞杀。

在特斯拉的祖国，那里的人们热爱和平，在乡村中过着平静的生活，但也时刻准备着把放羊的棍子和耕种的镰刀变成保卫自己的长矛和利刃。他们从远古时期就在亚德里亚海边的群山中耕种，但一次偶然的契机，一位从拿破仑一世领导的战争中凯旋的军官，与一位当地姑娘通婚，为这一族群注入了几分不一样的血液，而特斯拉就是他们的后裔。

当年轻的特斯拉发现自己对于机械和电力更感兴趣时，旅居国外就成为了一种必然。不仅如此，在听说了鼎鼎大名的爱迪生之后，他就下定决心，有生之年一定要逃离土耳其人的虐待和压迫，去那个孕育了这样一位伟人的国度一探究竟，看一看那里是否也有让他发挥自己的聪明才智的机会。同其他移民一样，当特斯拉刚刚来到这个国家的时候，他也一样要从最底层一步步往上爬。

他对这种情况非常满意，对他来说，完成别人交付的任务易如反掌。但很快，他就意识到与花费时间来解决别人的问题相比，更简单而且也更好的做法是专注于研究自己感兴趣的复杂问题，因为理解并解决别人的问题对于他来说实在是太没有挑战了。

特斯拉的一个特异之处在于他有着敏锐的直觉。当他同爱迪生一起工作时，如果你向他请教一个问题，那么往往在你把问题说完之前，他就已经提出了6种解决方案以及10种绕过这个问题的方法。

特斯拉曾经跟他的一位朋友这样说过："如果要把我脑海中产生的每一个想法都尝试一下的话，那么我每天花费的钱会使两个

Part C
他人眼中的特斯拉

银行破产。这也是其他很多发明家所存在的问题,他们太缺乏耐心。他们不愿意在脑海里缓慢而清晰地思考,以此确认他们的方法是否可行。他们一旦有了新的想法就想马上进行测试,但这样的结果往往是既浪费了钱又浪费了宝贵的材料,到头来却发现他们研究的方向根本就是错误的。每个人都会犯错,但最好在开始行动之前就发现错误。"

当特斯拉开始自己的研究时,他发现所有研究光和电能的人都在使用直流电。直流电固然存在很多好处,但也有着明显的缺陷和问题。他意识到,电力研究要想取得新成就,就必须有所创新,而不是固守着直流电。他认为交流电才是解决许多问题的最终方法。

在这种想法的指导下,他的工作取得了一系列显著的进展。在他还是一个孩子的时候,他就认为有必要取消电动机中的整流器装置,这是整个机器中最脆弱的部分。在早期的工作中,这个想法一直萦绕在特斯拉心中,即使他也为白炽灯和弧光灯开发出了一些直流电装置,但他一直觉得自己另有目标。

在大约8年前,他在美国电气工程师学会的专家面前,展示了一种既没有整流器也没有电刷的电动机,这一举动震惊了整个学界。这台机器采用了会改变极性的交流电,从而节约了成本,提高了灵活性,并且扩大了使用范围。从那时起,美国和欧洲都开始使用这种多相电流。

这是迄今为止在光能和电力发展方面所取得的最主要的进步，在此基础上，又发展出了单相、双相、三相以及单循环电路，在研究的初期，特斯拉就把它们统一命名为"多相电流"。

对于一般人来说，这些研究都太过深奥，即使熬夜几周来研究都不一定能够理解。这里有一个非常著名的例子——尼亚加拉瀑布发电站，这座电站就采用了特斯拉的多相系统来输电。

在发电站里，20台5,000马力的发电机全部采用了特斯拉的双相电，这种方法的好处在于大大延长了输送距离，能够在损耗非常小的情况下把电能输送至很远的地方，并且保证了终端用电的节能和高效。

如果使用直流电，则无法进行大规模远距离的输送。即使在最理想的情况下，输送直流电距离超过10英里，就无法保证100马力以上的功率。罗斯柴尔德曾经在法国尝试用高压直流电以低于100马力的功率在相距34英里的巴黎和克雷伊两地间进行电力传输，结果彻底失败了。

而采用了特斯拉的交流电设计的尼亚加拉瀑布电站，如果全面运行，能够以至少50,000马力的功率将电能输送至20英里以外的布法罗。

经过精确地计算，采用这种设计，甚至能够以很低的成本将

Part C
他人眼中的特斯拉

电力从尼亚加拉瀑布向各个方向输送至 100 英里以外，如果需要的话，甚至可以输送到纽约和芝加哥，这一点是毫无疑问的。

当然我们需要考虑的一点是，这样做是否会比在纽约采用煤炭发电或者在芝加哥采用天然气发电更加便宜，但这个问题并不能掩盖特斯拉这一伟大发明的重要性。煤总会被挖空，天然气也会烧干，但尼亚加拉瀑布永不干涸。

不过，特斯拉认为，假设煤炭储量丰富且永不枯竭的话，使用煤炭发电更为有利，因此，他一直致力于把发电机和蒸汽机结合起来。

发明家们通常都会把问题想象得过于乐观，但如果有人真的能够设计出一个只有必要配件的发电机，并且用它代替笨重的齿轮来推动蒸汽机运行，那么即使考虑到运行过程中的能量损耗，这样的设备所产生的电能也比发电机和蒸汽机独立运行所消耗的能量更多。

特斯拉新发明的振荡器在一场大火中被付之一炬，只有少数人有幸看过振荡器全力工作的场景。它能够产生大量炙热的光线，为弧光灯提供电流，还可以进行一系列新奇的实验。

一般情况下，以往需要使用一个体积十分庞大、要靠许多匹马才能拉动的机器来完成的工作，如今利用这个小巧便携的仪器就能做到。特斯拉研发的产生电流的机器只需将发电机和蒸汽机组装起来，可以直接放在一张办公椅上。

这个仪器曾参与过的实验包括自由空间照明灯、磷光灯泡照明、高能高频电流无害影响演示等。虽然所有的仪器都被大火烧毁了，但那些极少数亲眼见证过的人肯定不会忘记。

所有人都在盼望再次见证奇迹，等待着特斯拉以他不屈不挠的精神和毅力重建他的实验室。

特斯拉绝对是一个不辞辛苦的劳动模范。在大火发生的第二天，他一直工作到了凌晨3点，然后像往常一样6点起床，催促所有人马上开始重建工作。他当然也会感到失落，但他的勇气让他经受住了打击。

大火发生之后不久的某个夜晚，他到了一家酒吧想放松一下，结果发现那里聚集了很多知名的演员、音乐家和艺术家，有一些他还很熟悉。他顿时感受到了来自朋友的关心和温暖，他的朋友们立即为他组织了一场即兴的"慈善音乐会"。朋友的鼓励给了他重建新实验室的很大的动力。

他是个独来独往的人。在美国，他没有亲戚，只有几个和他志同道合的朋友。无论任何时候，他都会觉得他的实验室才是世界上最美好的地方。他少有的几个消遣方式，一个是桌球，另外一个就是文学。

在罗伯特·安德伍德·约翰逊的协助下，特斯拉为美国读者

Part C
他人眼中的特斯拉

引进了大量塞尔维亚诗人芝马·约万的作品。读者们不时会在《新视线》《独立报》和其他期刊中看到特斯拉翻译的塞尔维亚文学作品。

  特斯拉曾在实验室度过了一个十分值得纪念的夜晚。他很少邀请别人来他的实验室，但有时候也不得不屈服于外界的压力。他曾经在实验室举办过一次或者两次聚会，邀请业界人士参加他的实验演示会。特斯拉搜集了许多奇特的仪器，他也在美国、英国和法国的演讲中展示过其他的新奇仪器。

  其中大部分都是形状像灯或者灯泡的玻璃制品。手拿这些灯或者灯泡进入一个宽敞豪华的房间，你会惊异于它们能提供的光亮，奇妙的光线在这些空玻璃管内交织涌动，房间里充斥着乳白色的杂乱光芒。这些玻璃管大小不一，直径也各不相同。大的和扫把一样长一样粗，小的和麦秆一样细一样长。不论是逐一排开还是握在一起，它们产生的光都一样明亮纯净。

  特斯拉还在一些灯里放置了遇电流可发出磷光的物质，使得灯光会根据物质的不同而相应变成红色、蓝色或黄色。

  还有一些造型十分奇特的灯或玻璃管。其中有一个灯形状酷似一道闪电，内含冷光乙醚。新奇美丽的灯光只是实验成果的一部分，特斯拉更希望通过它们来说明他所研究的科学现象。看到这些灯，不难相信使用磷光照明的时代就要来临了。

特斯拉曾在纽约、费城、圣路易斯各举办过一次演讲，在伦敦和巴黎举办过两次。他并不是一个成功的演说家，经常会忘情于演示一个又一个新奇的实验，完全忘掉了与观众的互动；但是专家们还是觉得听他的演讲永远都听不够。

1893年在圣路易斯的演讲并不是一次愉快的经历。当时，美国国家电灯协会正在这里举办会议，他们说服了特斯拉以"未来的发展"为主题发表演说。但不知何故，大家都以为特斯拉会发表有关技术的新奇演说，所以人们都想去听，以至于主办方收到了数量巨大的参会申请。

最终，演讲不得不在展览大楼举行。演讲大厅当晚人潮涌动，人们甚至为了入场而大打出手。特斯拉本以为只有少数专业电工会参加，结果却发现全场大概有5000多名听众。他勇敢地完成了演讲，但发誓再也不做这样的演讲了。

演讲结束之后，人们还要求特斯拉进行答疑，所有人蜂拥至一个接待会场，令特斯拉无法脱身。

特斯拉在世界博览会的经历也同样有趣，当时他应邀以特殊嘉宾的身份参加电气大会，并发表有关振荡器原理的演讲。一个曾在电力大楼参观过特斯拉仪器的狡猾西方人一直追着特斯拉，强烈要求他进行密集的巡回演讲。但特斯拉从来不会因为金钱进行演讲。

Part C
他人眼中的特斯拉

特斯拉的工作方式十分有趣，和其他发明家不同的是，他一般没有助理，因而不会像摩尔斯（摩尔斯电码发明者）和其助手威尔那样，因谁才是电报的真正发明者而遭受巨大争议。

他有一个高素质团队，能够精确地执行他的命令；但实验室的核心指导工作还是要完全依靠特斯拉。他每天很早就开始工作，直到深夜。之后，他可能会去德莫尼科餐厅吃晚餐，而那个时候，人们都已经看完剧院的演出了。

手持电灯的特斯拉

他将自己的想法全部倾注到了他的工作中。但是他的声名鹊起也为他带来了困扰，很多伪善的发明家和阴谋家，都希望他能变不可能为可能，并从他身上大捞一笔。他对于工程学有着迅速准确的判断，但他很少公开表达自己的观点。总的来说，他十分沉迷于自己的工作，他研究的是地球运行的基本原理。

特斯拉先生的研究所达到的高度，是绝大多数人都无法理解的。人们通常认为，地球具有自身的电荷。特斯拉赞成这个理论，但他同时强调人类可以使用适当的仪器，对这个电荷进行干扰或进行证明。在他科学生涯的后期，特斯拉一直致力于研究这一问题。一旦成功，它对于科学史的意义就相当于拿破仑或凯撒大帝对世界史的意义一样重大。

特斯拉现在宣布他已经成功完成了任务，也亲眼看到了地球的电力传送到了太空中。这听上去十分不可思议，但是特斯拉先生是一个神秘而谨慎的人，除非他已经在自己的实验室中亲自完成测试，否则他不会对外公开。

当然，他的成就包含许多方面。依据他的理论，只要使用合适的方法并且进行适当的调整，一个人通过无线信号传输和地球另外一端的人进行对话是有可能发生的。如果地球拥有电荷，其他的星球也拥有电荷，那星际沟通就完全可能实现。